生活困窮者
を支える
連携
のかたち

上原 久 編著

中央法規

推薦のことば

　平成27（2015）年度から施行された生活困窮者自立支援制度は、「生活困窮者の自立と尊厳の確保」と「生活困窮者支援を通じた地域づくり」を目標としています。どのような人も受けとめて、その人を起点として地域社会に新たなつながりや活躍の場を創り出す、これまでになかった新しい支援が展開される中で、私たちは、「人が人を支援する」ソーシャルワークの意義や醍醐味を再発見しています。

　このたび、生活困窮者支援に真摯に向き合う優れた実践者であり、人材養成におけるスーパーバイザーでもあり、実践の理論化を進めてこられた編著者により、「連携」のあり方を、理論と事例を通して具体的に学べる本書が生み出されたことを、とてもうれしく思います。

　生活困窮者支援において、当事者の尊厳を確保し、良質な支援を実現させる鍵は、「いかに連携できるか」にあるといっても過言ではありません。一人ひとりの存在が活かされる「連携」は、支援者ばかりでなく、当事者自身の力を引き出し多くの実を育みます。事例編で紹介される「支援される側」と「支援する側」を行ったり来たりできる循環は、まさに「連携」がよりよく行われたことの賜といえるでしょう。

　本書が活用される中で、当事者とともに歩む、支え合う地域と社会の創造につながる実践が広がっていくことを心から願っています。

2017 年 10 月

明治学院大学社会学部教授

新保　美香

はじめに

　いくつもの問題が重なり合い、いつの間にかその問題は一塊の団子状態になり、気がつくと収拾がつかない状態になっている。いつしか、課題解決に向き合うことをあきらめ、解決を放棄し、息をひそめてひっそりと生きている。彼らの数が増えたのか、支援者の意識が広がったのか、少し前に比べると、そのような事例を多く見かけるようになった。

　彼らを発見し、複合的課題を一つひとつひも解き、解決に向けてしかるべき人材につなぐ。今や、彼らの課題解決に向けた一連のプロセスに「連携」は必要不可欠の支援手法となった。事例の発見とアフターフォローには、専門家・非専門家は問わない。ここに、「連携」の必要性がある。

　しかし「連携」というキーワードは、連呼されるわりに本質が見えない概念だと思う。電話をかければ「連携」、会議を行えば「連携」、顔を合わせるだけでも「連携」といわれる。はたして「連携」とは、いったい何なのか…。

　本書は、「連携」について、その言葉の意味や定義、あるべき姿について改めて整理しました。「連携」の定義やプロセス、作法やメンテナンスの理解は、「連携」の深み、ダイナミズム、ネットワークなどを強化し、「地域づくり」へと発展する可能性を含んでいます。前半では、「連携」という概念について各種の論文を参考にしながら整理しました。後半では、筆者がこれまでに直接・間接的にかかわった事例に携わるなかで学んだことを踏まえ、さまざまな連携のあり方を物語として創作しました。

連携は、「関係者が外堀を埋める」という作業ではなく、連携の中心に位置する利用者の言語的・非言語的ニーズを、より明確に、より具体的に洗練し、課題解決へと向かう一連のプロセスといえるでしょう。

　その過程において、利用者がチームの一員として機能する場面が多ければ多いほど、利用者が体感する満足感や達成感は向上する…、そんな気がしています。

　本書が幅広い層に役立つ実務的な書物になれば幸いです。

2017 年 10 月

上原　久

目次

推薦のことば

はじめに

第1部　講義編

第1章　連携とは何か ‥‥‥‥‥‥‥‥‥‥‥‥‥‥‥‥‥‥ 2
　1.複数の機関がかかわる／2.連携のメリットとデメリット／3.連携とは／4.相互関係の過程／5.まとめ

第2章　連携という関係 ‥‥‥‥‥‥‥‥‥‥‥‥‥‥‥‥‥ 12
　1.連携に必要な心構え／2.「顔の見える関係」とは／3.「顔の見える関係」を通して観ているもの／4.一貫性／5.まとめ

第3章　連携の阻害要因と促進要因 ‥‥‥‥‥‥‥‥‥‥‥ 22
　1.連携の阻害要因と促進要因／2.文化的自己観／3.情報処理様式の相違／4.連携の促進要因／5.まとめ

第4章　「連携」の未来図 ‥‥‥‥‥‥‥‥‥‥‥‥‥‥‥‥ 31
　1.具体的支援は事例イメージの共有から／2.「連携」の2つのパターン／3.連携に必要なメンテナンス／4.連携のタイプとレベル／5.未来図：「個別事例」→「連携」→「地域づくり」／6.まとめ

第2部　事例編

第1章　個別支援 ‥‥‥‥‥‥‥‥‥‥‥‥‥‥‥‥‥‥‥‥ 42

事例1　デイサービスを利用する母親に無心する長男
　―戦略的な就労支援と家族の絆の復活― ‥‥‥‥‥‥‥‥‥ 42
　用語解説：障害年金／一部減額免除

事例2　指導違反で生活保護廃止、その後の支援を頼みたい
　―職業評価・マッチング・定着支援、そして自立へ― ‥‥‥ 61
　用語解説：職業マッチング／生活福祉資金／無料職業紹介

事例3 介護離職の経験を再就職に活かした 50 歳代男性の支援
―本人の職場定着を見届けて逝った母― ……………………… 77

事例4 更生をめざす若者への社会復帰支援
―個と個のつながりが広げる支援― ……………………………… 90

用語解説：検察庁／検事／社会福祉アドバイザー

事例5 虐待、ことばの壁、生活困窮に縦割り行政
社会に翻弄される母子家庭
―助言や指導ではなく、本人にかかわり、付き合う支援― ……… 102

事例6 知的障害、ネグレクト、保護廃止
―複合的な課題をかかえる 7 人家族への支援― ………………… 116

用語解説：医療ソーシャルワーカー／障害者就業・生活支援センター

第2章 個と個をつなぐ支援 ………………………………… 134

事例7 「支援される側」から「支援する側」へ（前編）
―仕事につなぐ、その先へ…― ……………………………………… 134

事例8 「支援される側」から「支援する側」へ（後編）
―個と個とをつなぐ、インフォーマルケアー ……………………… 144

用語解説：過払い請求／法テラス

事例9 「支援する側」から「支援される側」へ
―行ったり来たり、インフォーマルケアシステム― ……………… 156

用語解説：自己破産

事例10 重層的な地域ケアシステム
―顔がわかる関係→顔の見える関係→価値観を共有できる関係へ― 167

あとがき

第1部

講義編

第1部・講義編

第1章

連携とは何か

　昨今、「連携」という言葉を頻繁に耳にするようになりました。電話をかければ連携、会議に参加すれば連携、立ち話をしても連携…、そういう現象が起こっています。

　「はたして連携とは、いったい何なのか？」

　ここでは、この疑問について実務的に考えてみたいと思います。

1　複数の機関がかかわる

　対人援助の方法として、複数の機関が協働して支援を展開することを「連携」と呼ぶ傾向にあります。1つの事例が複数の課題をもつとき、1つの専門機関だけでは解決できない事態が発生します。ここに、連携の1つの形があるといえそうです。

　課題が複数存在すれば、それに対応する各種の専門機関に協力を要請します。事例がかかえる「複合的課題」に対応する複数の関係機関が協働して、いわゆる「支援チーム」や「連携チーム」を形成するものです。いうまでもなく、1つの課題について、1つの機関だけで解決できる場合は、あえて「連携」の必要はありません。

2　連携のメリットとデメリット

　「連携すればすべての課題が解決するか？」というと、そうでない

2

場合があることも事実です。にもかかわらず、あえて複数の関係機関を召集する会議が多いことも事実です。限られた時間を会議に費やすか、個別支援に使うか…、実務者としては悩ましいところです。

図表1-1

連携のメリットとデメリット
メリット
1　なんとなく"一体感"をもった感じになれる（安心感） 2　単独では解決できない課題に向き合える 3　仕事の密度と幅が広がる
デメリット
1　会議の時間と仕事量がやたらと増える 2　「連携」という名で、事例を丸投げされる 3　聞こえはよいが「連携」の意味がわからない

　図表1-1に、連携のメリットとデメリットを整理しました。この整理は、実務を担う一人として日々感じていることを整理したものです。

① 「一体感」と「拘束時間」

　「連携」する最大のメリットは、「なんとなく"一体感"をもった感じになれる」という点にあるような気がします。相談業務を担当する支援機関の多くは、一人職場の事業所が少なくありません。支援員

第1部・講義編

は、意外と孤独な職業といえそうです。

「関係機関の皆さんにお集まりいただきたい」という要請が、行政側から入るとき、自分だけ声がかからないのは寂しく、参加要請されるだけで、なんとなく安心してしまうものです。

しかし一方で、そういう会議が複数開催されると、会議に割かれる時間が多くなります。会議の参加時間ばかりが増えて、個別支援に当てる時間が少なくなった…という現象も実際には起こりえるのです。

②「連携」と「丸投げ」

次のメリットは、単独では解決できない課題に向き合うことができるという点です。冒頭でも述べましたが、事例がかかえる課題は複数で、しかも「複合的な課題」が多いといわれます。したがって、複合的課題の対応には、それぞれの課題を専門とする機関が協力し合って解決に向かうことが求められます。

このとき重要なのが、機関間の「関係性」です。しばしば起こる現象として、「お願いしたらさようなら」的な関係を見かけます。実務者のなかには、「連携を要請された」というより、「事例を押しつけられた」と感じている方も少なくないように思います。

③「仕事の広がり」≠「連携」

連携の究極の目的は、複合的課題の解決です。一人では解決できない課題について、複数の専門家が協働して解決に当たる「課題解決のプロセス」です。このプロセスにおいて有益なことは、連携相手の仕事ぶりに刺激されるという点でしょう。連携相手の「価値観」に触れることは、自らの仕事に対する価値観に刺激を与えます。その意味で

4

「連携」は、単なる課題解決ばかりでなく、自らの仕事の幅や深みを広げる機会にもなりえます。しかし、繰り返しになりますが、「連携」の本質は課題解決です。課題解決に必要な最低限の作法は、相互の進捗具合を把握しておくことです。そのために必要なことが「報連相（報告・連絡・相談）」。報連相は、リアルタイムであるほど効果を発揮します。

　依頼した側は、依頼された側に「報告義務がある」と認識している場合が少なくないようです。連携が協働作業である以上、連携する側・される側の双方に、「報連相」の義務があると認識すべきでしょう。情報は待っていたのでは手に入れることができません。自ら発信することによって、得られる情報が多いものです。

3 　連携とは

　改めて「連携とは何か」というテーマについて考えましょう。

　すでに述べたように、実務者たちは、「連携」という言葉の意味を多種多様に用いています。1つの言葉が多くの意味をもつことを、「多義的」といいます。実務者たちが用いている「連携」という言葉は、まさに「多義的」ということができそうです。

　しかし、「これではマズイ！」と、改めて「連携」について調べた研究者がいました。「連携」に関する国内外の学術論文を調べつくし、「連携」に関する定義を導いたのです[1]（図表1-2）。

　図表1-2によれば、連携には「目的」が必要で、「単独では解決できない課題」に向けて、「主体的な協力関係」をつくり、「目的達成」に取り組む「相互関係の過程」というわけです。この最後の部分、「相互関係の過程」という点がとても興味深い点です。

第1部・講義編

図表1-2

> **「連携」とは…**
>
> 「共有化された目的を持つ複数の人及び機関（非専門職も含む）が、単独では解決できない課題に対して、主体的に協力関係を構築して、目的達成に向けて取り組む<u>相互関係の過程</u>」

出典：吉池毅志・栄セツコ「保健医療福祉領域における「連携」の基本的概念整理—精神保健福祉実践における「連携」に着目して—」『桃山学院大学総合研究所紀要』第34巻第3号、117頁、2009年より引用

4 相互関係の過程

　先ほどの定義に従えば、「連携」とは「相互関係の過程」です。「お願いしたら終わり」という関係ではなく「継続する過程」、つまりプロセスです。さらにこの研究者は、「相互関係の過程」について「7つの段階がある」といっています（図表1-3）。

① 単独では解決できない課題の確認

　これはいうまでもありません。相談員が扱える業務は、所属機関の守備範囲によって制限されます。障害、高齢者、児童など、法律や制度は「縦割り」ですから、対象とする相手や課題の何をどこまで扱うのか限定されています。

　しかし、事例がかかえる課題は単独ではない場合が多く、前述したように「複合的課題」をかかえている場合が多いのです。そこで、自

6

第1章　連携とは何か

図表1-3

「連携」：相互関係の過程
1　単独解決できない課題の確認
2　課題を共有し合える他者の存在の発見
3　協力の打診
4　目的の確認と目的の一致
5　役割と責任の確認
6　情報の共有
7　連続的な協力関係の展開

出典：吉池毅志・栄セツコ「保健医療福祉領域における「連携」の基本的概念整理―精神保健福祉実践における「連携」に着目して―」『桃山学院大学総合研究所紀要』第34巻第3号、119頁、2009年より作成

分の得意とする領域で「単独解決できない課題」が確認された場合に、「連携」を考えましょうというわけです。ここでのポイントは、「単独解決できない課題は何か」ということを明確にしておくことです。「自分の守備範囲はここまで。ここから先のサポートをお願いしたい」という具合に、自分の守備範囲を明確にすれば、おのずと相手にお願いする部分も明確になるのです。

②　課題を共有し合える他者の存在の発見

　「どこに、どのような専門家がいるのか」を把握しておくことは極めて重要です。最近では、機関別のリストやマップをつくっている市町もあるようです。特定の専門家が複数いる場合には、その専門家の

7

第1部・講義編

力量や得意領域を把握できるとよいでしょう。また、最近では地域ごとに関係機関を集めた会議体が動き始めていますので、そこに参加して「顔合わせ」しておくことも有効です。そして、会議での発言内容から、仕事に対する価値観や力量を把握することも忘れてはいけません。いうまでもなく、「その逆もしかり…」です。

③　協力の打診

　そういう相手の顔や名前を把握したら、いざというときには遠慮なく「協力の打診」をしてみましょう。打診するのが初めての場合には、「ある事例から、こういう相談を受けている。こちらでは〇〇部分について対応しようと考えているが、それ以外の部分について、そちらでの対応をお願いできるものでしょうか？」と尋ねてみるとよいでしょう。

　例えば、法律の専門家に協力の打診をする場合には、「借金をかかえている事例が相談に来ています。借金の背景には〇〇という問題があるので、その部分については当事業所で対応しようと考えています。借金の返済方法やその他の方法について相談させていただくことはできますか？」と。「とりあえず、一度相談にいらしてください」となった場合には、遠慮なく足を運んでみることです。

④　目的の確認と目的の一致

　相談の結果、「お願い（連携）できそうだ」となった場合には、この事例のゴールについて支援目的を確認しておくことが必要です。これは、「何のために連携するのか」という根本的な問いです。同じ方向に向かって支援を進めるための行為といえます。また、できればこ

のときに、「当面のゴール」を共有できるとよいでしょう。支援のベクトルを同一方向に向けるために、必要不可欠な行為です。

⑤　役割と責任の確認

協力が得られそうだ、目的の確認も済んだ、当面のゴールも確認できた、となれば、次に行うのが「役割分担」です。どちらが、何を、いつまでに、どこまで進めるのか…。それらを明確にしておくことは、仕事を円滑に進めるポイントです。

実務では、この点が抜け落ちてしまうことが多いようです。「シナリオ通りにコトは進まない…」というのが支援の難しいところですが、それぞれの役割において「当面のゴール」を確認しておく、つまり「お尻（当面のゴール）を決めておく」ことは、コトを進めるうえで万事に共通するルールです。

⑥　情報の共有

目的の一致、当面のゴール、各自の役割が決まれば、そこから先はそれぞれの責任において支援を提供していきます。

その際に重要なことは２つ。

１つは、「こまめな情報交換」です。前述したように、支援に関する情報はリアルタイムであることが有益です。定例会議で報告される内容は、過去の支援を要約したもの。一方、「こまめな情報交換」で報告される内容はリアルタイムなもの。この両者を使い分けるとよいでしょう。

２つめは、「全体を俯瞰する役割」を担う人を決めることです。「専門家」が対応する領域は限定的です。限定された課題を専門に扱う人

第1部・講義編

が把握する情報と、支援の全体を俯瞰する役割の人が把握する情報では、情報の質が異なります。サッカーでたとえれば、試合中にコートの上でプレイする選手が知りえる情報と、コートの外にいて試合の全体の流れを把握しているコーチが把握する情報では、「情報の質」が異なります。これは、⑤と重なる部分でもあるため、「情報を集約する役割」を事前に決めておくことが肝要です。

⑦ 連続的な協力関係の展開

これまで述べてきた①～⑥をもとにした協力関係は、支援が続く限り連続的に展開されるものです。とはいえ、一度つながったからといって放っておいてよいはずはありません。支援チームは小さな組織ですから、組織内の協力関係を維持する必要が生じます。それが支援調整会議であったり、こまめな報連相であったり、定期的な定例会議であったり、さまざまな形態があるわけです。

重要なことは、お互いが独立したプロフェッショナルであるという意識ではないでしょうか。そのためには、相手の仕事をきちんと評価し、自分の仕事をも評価していただくという姿勢は欠かせないことだと思います。

5 まとめ

「連携」という言葉には、複数の機関が協働して支援を提供すること、というイメージがあるものの、それは曖昧な概念であることを振り返りました。「連携」という言葉は、「多義的」に用いられているために話の流れのなかで、その意味するところがさまざまに変化するのです。

10

第1章　連携とは何か

　「連携」には、①「一体感」と「拘束時間」、②「連携」と「丸投げ」、③「仕事の広がり」≠「連携」というメリットとデメリットがあり、ジレンマをかかえながら「連携している」ことを確認しました。

　ある研究者の文献[1]をたよりに「連携」の定義をとらえ直してみてみると、日々の連携のあり方を見直すきっかけが見つかったのではないでしょうか。

　また、連携は「相互関係の過程」で、①単独解決できない課題の確認、②課題を共有し合える他者の存在の発見、③協力の打診、④目的の確認と目的の一致、⑤役割と責任の確認、⑥情報の共有、⑦連続的な協力関係の展開、という7つの段階を経ることをみてきました。これらの段階を通して、お互いの専門性やプロフェッショナルとしての意識を高めていくことが重要であるということを、この章では確認しました。

　「はじめに」でも述べましたが、連携の中心に利用者を位置づけることはいうまでもありません。利用者は連携チームの一員でもあるのです。利用者の言語的・非言語的ニーズと支援のベクトルは、同じ方向を向いているのかいないのか。それを最も端的に評価してくれるのは利用者以外にありません。

11

第1部・講義編

第2章
連携という関係

　前章では、連携の定義やプロセス（過程）について考えました。連携とは「共有化された目的を持つ複数の人及び機関（非専門職も含む）が、単独では解決できない課題に対して、主体的に協力関係を構築して、目的達成に向けて取り組む相互関係の過程」であることが理解できました。この「相互関係の過程」といわれるものには、7段階があることについても触れました。

　この章では、連携といわれるものの「関係の質」に焦点を当てながら、「連携に必要な相手は、どのように選定されるのか」ということを考えてみたいと思います。

1　連携に必要な心構え

　興味深い研究を紹介しましょう。この研究[2]は「がん緩和ケア」に関する研究ですが、ほかの領域やほかの職種にも応用可能なものです。476名の医療福祉関係者にアンケート調査を行った「連携」の評価因子についての調査です。因子とは、ある結果をひき起こすもとになる要素や、ある現象（ここでは連携）の要因を構成している作用素を意味しています。つまり、連携とは、いかなるものによって構成されているのか…ということを調べた研究です。

　この研究によると、図表1-4に示す通り7つの構成要素が必要で

12

第2章　連携という関係

すよ、ということが理解できます。医療や福祉、障害や高齢や児童などの「領域」を超えて、本質的に共通する内容であることがおわかりいただけると思います。

図表1-4

「連携」を評価する7つの因子

1　他の施設の医療福祉従事者と気軽にやりとりができる
2　地域の他の職種の役割が分かる
3　地域の関係者の名前と顔・考え方が分かる
4　地域の多職種で会ったり話し合う機会がある
5　地域の相談できるネットワークがある
6　地域のリソースが具体的に分かる
7　退院前カンファレンスなど病院と地域との連携がよい

出典：森田達也・井村千鶴「「緩和ケアに関する地域連携評価尺度」の開発」『Palliative Care Research』第8巻第1号、118頁、2013年より作成

2　「顔の見える関係」とは

「連携」について語るとき、「顔の見える関係」というキーワードがしばしば登場します。「顔の見える関係」とは、いったいどのようなものでしょう。単に「名前と顔が一致する」というだけではなく、「それ以上」ということは推測がつきます。

医療や福祉あるいは地域包括ケアに限らず、最近では司法、就労、教育など、あらゆる領域でも「顔の見える関係」というキーワードが

13

第1部・講義編

登場するようになりました。ではいったい、どのような関係をもって「顔の見える関係」というのでしょう。これについても、面白い研究[3]があるので、ここに紹介します（図表1-5）。

図表1-5

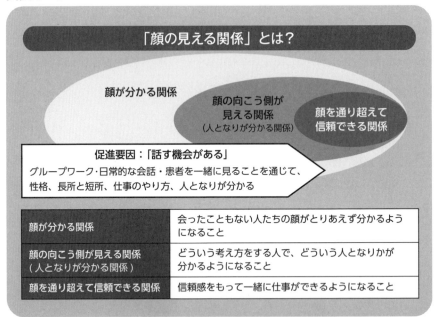

出典：森田達也・野末よし子・井村千鶴「地域緩和ケアにおける「顔の見える関係」とは何か？」『Palliative Care Research』第7巻第1号、328頁、2012年を一部改変

アンケート調査とインタビュー調査の結果、「顔の見える関係とは、①単に名前と顔がわかるという関係（顔がわかる関係）ではなく、②考え方や価値観、人となりがわかる（顔の向こう側が見える関係）、③さらには、信頼感をもって一緒に仕事ができる関係（顔を通り越えて信頼できる関係）を含む概念である」ということが導かれました。

また、顔の見える関係は、①安心して連絡しやすくなる、②役割を

果たせるキーパーソンがわかる、③相手に合わせて自分の対応を変える、④同じことを繰り返したり信頼を得ることで効率がよくなる、⑤責任をもった対応をする、といった「連携を円滑にする機能」にも言及しています。

「顔の見える関係」を促進する要因として、「顔がわかる関係だけではなく、考え方や価値観、人となりがわかるような多職種小グループでの話し合う機会を継続的に地域のなかに構築することが有用である」としています。そしてこれらは、「会う回数」ではなく、話す「内容」や「態度」あるいは「語調」などから、相手の「性格」「長所や短所」「仕事のやり方」「理念」「人となり」を判断する「場」をさしていることがポイントです。

3 「顔の見える関係」を通して観ているもの

これらの研究をもとに考えると、効果的な連携のためには、「顔の見える関係」、すなわち、①単に名前と顔がわかるという関係ばかりでなく、②考え方や価値観、人となりがわかる関係、さらには③信頼感をもって一緒に仕事ができる関係をつくり上げることが必要であると理解できました。また、顔の見える関係の促進要因として、相手の「性格」「長所や短所」「仕事のやり方」「理念」「人となり」を判断する場が必要であることも理解できました。

ところで、「関係」とは、「一方通行的」なものではなく、「双方向的」なものです。お互いが、お互いに対して、「性格」「長所や短所」「仕事のやり方」「理念」「人となり」等々を理解したうえで、真に連携できる相手（組める相手）を決めているようにも思えます。

では、私たちは、どのようにして「組む相手」を理解しているので

しょう。

① 知識と技術

図表1-6は、私たちの「仕事ぶり」を示したものです[4]。それは波の上に浮かぶ「島の一角」として相手に映ります。しかし相手は、単に「見える」部分だけを見ているのではなく、それ以外のことを「観ている」といえそうです。

図表1-6

出典：西村佳哲『自分をいかして生きる』ちくま文庫、18〜19頁、2011年を一部改変

第2章　連携という関係

　例えば、連携する相手に「すごい！」とか「すばらしい！」と感動する場合があります。これは単に仕事のやり方や職種の専門性に感動しているだけではありません。ある特定の職種だからといって「すごい！」わけではないわけです。と考えると、「仕事ぶり」とは、その人の「仕事ぶり」を下支えするものによって左右されているようにも思えます。エキスパートになればなるほど、相手を見るときに、島の下に広がる裾野に焦点を合わせて「観ている」ように思います。目に見える「島」の下の部分（裾野）を表したのが図表1-7です。

　図表1-7に示すように、島である「仕事ぶり」を直下で支えるのが、知識であり技術です。知識は、その領域の最先端の知識に加えて、累積された数多くの経験知をも意味します。蓄積された知識がスパークして連結を起こし、新たな知識体系を形成することもあるでしょう。いわゆる「知の連鎖」といわれるものです。蓄積された経験知によって、法制度の解釈や応用が深まり、適切な活用が可能になるのです。生活保護法、障害年金、自己破産などの活用がよい例です。単に「知っている」だけではなく、使いこなせているかどうか。専門家に求められる評価軸の1つといえます。

　また技術は、道具や身体を使ってなされるものですから、高度な身体感覚が必要とされます。例えば、プロ野球選手の「好プレー」を観ていると感動する場面があります。感動だけでなく、「美しさ」を覚える場合もしばしばです。これらを単に、「練習の成果」という言葉だけで片づけるわけにはいきません。イチローのように、人知れず行われた毎日の練習の積み重ねや、鍛えぬかれた身体感覚があるはずなのです。

17

図表1-7

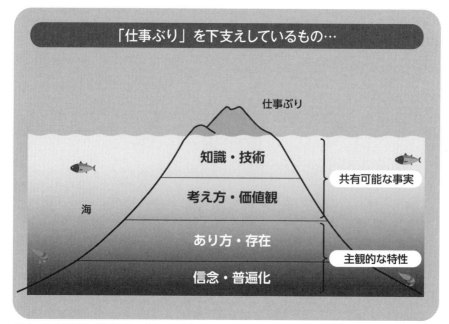

出典：西村佳哲『自分をいかして生きる』ちくま文庫、20頁、2011年を一部改変

② 考え方と価値観

　「美しい」と感じるもの、「心地よい」と感じるもの、「大切にしたい」と思うもの。それぞれに、その人なりの座標軸や尺度があり、自らが進むべき人生の羅針盤をしっかりともっているように思います。そういう人は、「なぜ、その仕事を選び、今もなお続けているのか」という問いに、適切に答えてくれます。「生活のため」だけにやっているのではなく、仕事に対する価値観や考え方を示してくれます。知識や技術は、「考え方」や「価値観」に下支えされて初めて、最高のパフォーマンスを演出できるようになるのでしょう。

③　あり方と存在

　「知識・技術」と「考え方・価値観」の下層で確固たる基盤を形成するのが、「あり方」や「存在」という層です。私の知る「エキスパート」と呼ばれる人たちは、専門性に特化した「考え方」や「価値観」ばかりでなく、ほかの領域の仕事ぶりにも、「働き方」や「生き方」あるいは「態度」や「姿勢」に関する「価値」を発見しています。NHKで放映されている「プロフェッショナル　仕事の流儀」という番組は、ここに焦点を当てた番組ではないでしょうか。仕事に向き合う姿勢や心構えなど、どんなジャンルの職種にも共通するテーマを扱っているからこそ、多くの視聴者を得ることができるのだと思います。

④　信念と普遍化

　仕事に限らず、「知識・技術」や「考え方・価値観」や「あり方・存在」が一貫してくると、その人の「生き方」が形成されます。それは、信念であり「普遍的な生き様」として後世に伝えられることもあるでしょう。歴史に登場する武将や、明治・大正・昭和にかけて名を残した人たちの「信念」には、時空を超えた普遍性を感じるものです。

4　一貫性

　ここまで、海の上に見える「仕事ぶり」とその下に広がる裾野、について述べてきました。

　「知識・技術」のない仕事ぶりは、経験知にのみ頼った仕事といえるでしょう。知識や技術をどのように駆使して仕事の成果に反映する

か。それは、「考え方・価値観」に影響を受けます。業務を遂行するうえで舵取り役として機能する部分です。舵の切り方を誤れば、支援は迷走し誤った方向に進みかねません。

　知識や技術、考え方や価値観が研ぎ澄まされてくると、専門職としての「あるべき姿」が形成されてきます。どのような状況下においても、「あり方・存在」がぶれない。自分は何をすべき存在なのかを明確に把握している。それが「信念」を形成し、事例や状況、あるいは時代を超えた普遍性をもって生きる姿をつくり上げるといえそうです。

　つまり「仕事ぶり」は、一時的なノウハウに頼るものではなく、

図表1-8

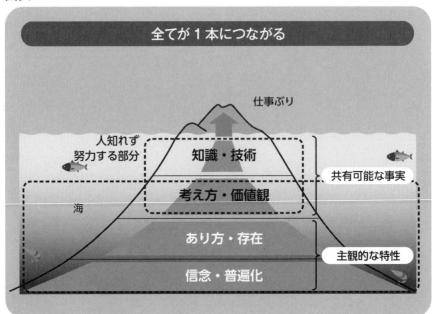

出典：西村佳哲『自分をいかして生きる』ちくま文庫、20頁、2011年を一部改変

第 2 章 連携という関係

「信念・普遍化」→「あり方・存在」→「考え方・価値観」→「知識・技術」という一貫した流れのなかで形成されたものであり、他者に評価される部分になるのではないかと思うのです。

5 まとめ

　この章では、「連携」と呼ばれるものの関係性について、「顔の見える関係」という概念を中心に解説してきました。連携は、一方通行的な関係ではなく双方向的なものであること。また、関係の「質」が連携の効果を左右すること。さらには、「組む相手（連携する相手）の何を観ているか」という点についても解説してきました。

　連携する相手の、「知識・技術」「考え方・価値観」「あり方・存在」「信念」の一貫した流れのなかで表現される「仕事ぶり」こそ、信頼に値した「組む相手」を見出していることについて解説しました。

第1部・**講義編**

第3章
連携の阻害要因と促進要因

　これまで、連携の定義やプロセス、「顔の見える関係」といわれるもの、組む（連携する）相手の何を観ているか…という点について、各種の文献をもとに述べてきました。なんとなく、「連携」といわれるものの正体について把握できたような気がしている方も多いと思います。しかし、そう簡単に「連携」がうまくいくかというと、なかなか難しいのが実情です。

　この章では、連携の阻害要因と促進要因についてみていきます。

　阻害要因については、「文化的自己観」という概念や「情報処理様式」の特徴について解説します。さらに、促進要因として、4つのポイントと「多様性のマネジメント」という考え方について紹介します。

1 連携の阻害要因と促進要因

　図表1-9は、ヘルスケア領域における連携の阻害要因と促進要因を整理したものです。連携の阻害要因は2つ。1つは、異なる職種に属するメンバーは、理解不足のため対立しやすいというもの。2つめはその逆で、「同質的なメンバーのほうが仕事の効率が高い」という意識をもっているというものです。いずれも、連携の当事者たちの「意識」に関するものです。

第3章　連携の阻害要因と促進要因

図表 1 - 9

「連携」の阻害要因と促進要因

【阻害要因】

Ⅰ　異なる職種に属するメンバーは、理解不足のため対立しやすい

Ⅱ　「同質的なメンバーのほうが仕事の効率が高い」という意識

【促進要因】

1　「これまでのやり方では限界がある」という危機意識

2　継続的な「場」の設定（連携のきっかけづくり）

3　継続的な学習（連携が進む水準に必要な知識の獲得）

4　小さくてもやりやすいところから始める（small start with BIG picture）

　危機意識を共有できる少人数→大きな方向性の共有→大がかりな連携へ展開

多様性のマネジメント

出典：中村洋「多職種間連携における 2 つの阻害要因と 4 つの促進要因」『医療と社会』第 24 巻第 3 号、211 ～ 212 頁、2014 年より作成

　同じ職種の者同士は、共通の文化や価値観をもっています。仮に職種が異なっている場合でも、同じ機関に所属していれば「機関（組織）の文化」を共有しているため連携もうまくいく…というもので

第1部・講義編

す。

　例えば企業では、「社是」や「理念」といわれるものがあります。企業の経営指標や存在意義について方向性を示したもので、指標があるからこそ、社員が同じ方向を向いて仕事ができるわけです。ところが、組織が異なると方針が異なるので、相互理解の不足や対立が起こる…という考え方です。

　しかし、本当にそうなのでしょうか。同じ組織でも、同じ職種でも「そんなにうまくはいかない…」というのが実情ではないでしょうか。

2 　文化的自己観

　もう1つ阻害要因に関係する内容に触れておきましょう。それは「文化的自己観」といわれるものです。文化的自己観とは、ある特定の文化のなかで育まれる「自分に対する認識」といえます。「ある特定の文化」とは、例えば東北地方と関東地方とか東洋と西洋とか、地域が違えば育まれる文化も違う…という考え方です。

　図表1-10は、東洋と西洋の「文化的自己観」に関する研究[6][7]です。自分と他者との間で、どのような「関係のとり方」をするのか、東洋と西洋の違いを表したものです。左側が東洋、右側が西洋です。

　東洋における文化的自己観は「相互協調的自己観」といわれるものです。自分と他人は根元的に結びついています（相互協調的）。結びつきのなかで意味ある位置を占めることにより「自分」というものを形成しようとするものです。自分の「考え」は、明示的に表現しなくても相手に理解してもらえる…と考え、「わかり合えると思っている」という文化を生み出します。「察する文化」といわれるものは、まさにその典型といえるでしょう。

図表 1 - 10

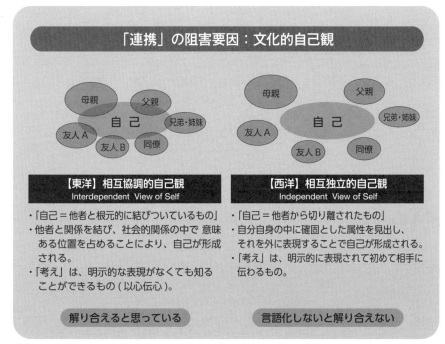

出典：Markus, H.R. & Kitayama, S., "Culture and the Self：Implications for Cognition, Emotion, and Motivation", *Psychological Review*, vol. 98, No. 2, pp.224～253, 1991、北山忍「文化的自己観と心理的プロセス」『社会心理学研究』第10巻第3号、153～167頁、1994年より作成

　一方、西洋のそれは「相互独立的自己観」です。つまり、自分と他人は別々の存在（相互に独立しているもの）であり、自分のなかに確固とした属性（セルフアイデンティティー）を見出し、それを表現することで「自分の存在」を確認します。自分の「考え」は、表明することによって初めて相手に伝わるものと考えるため、「言語化しないとわかり合えない」という文化が形成されます。

　前章で、連携には「協力の打診」や「目的の確認と一致」という作

第1部・講義編

業が欠かせないことを解説しました。この点からすると、連携する場合には「言語化しなくてもわかってもらえる（あるいは察してもらえる）」という東洋的な文化よりも、「言語化しないとわかり合えない」という西洋的な文化的自己観をもつ必要性がありそうです。

3　情報処理様式の相違

　もう1つだけ、興味深い研究[8]を紹介しておきましょう。東洋と西洋の文化様式では、情報処理の仕方がどのように違うのか…という研究です（図表1-11）。左側が東洋、右側が西洋です。

図表1-11

文化的な観念と個人の情報処理様式との関わり		
	東　洋	西　洋
Ⅰ．自己観	相互協調	相互独立
Ⅱ．社会・文化規範	集団主義【1】	個人主義【1】
Ⅲ．コミュニケーション形態	高コンテクスト【2】	低コンテクスト【3】
Ⅳ．コミュニケーション機能	関係性の維持【4】	情報伝達【5】
Ⅴ．情報処理様式	文脈重視・包括的【6】	言語の意味内容重視・分析的【7】

出典：石井敬子・北山忍「コミュニケーション様式と情報処理様式の対応関係：文化的視点による実証研究のレビュー」『社会心理学研究』第19巻第3号、242頁、2004年

　Ⅰの「自己観」については、前述したように東洋が相互協調的、西洋が相互独立的な自己観をもっているのが特徴です。Ⅱの「社会・文化規範」については、個と集団の目標や利害が対立した場合、西洋は

26

「個」を、東洋は「集団」を優先するとあります【1】。「和」を大切にする東洋的な思想は、まさに集団主義的といえるでしょう。Ⅲの「コミュニケーション形態」については、東洋の場合、言語コミュニケーションは「基本的に他者と共有されているもの」とあります。つまり、話者は正確に他者に情報を伝達する必要はなく、コミュニケーションの受け手が文脈的な情報に注意を向けて、発話意図を察するという形態をとります。これは、「受けての解釈」によって内容が決まってしまうことを意味します【2】。一方の西洋では、情報を正確に他者に伝達しない限り、それを他者と共有することはできません。つまり、発話意図の伝達は話者の責任であるというわけです【3】。情報の責任は発話者側にあるわけです。

Ⅳの「コミュニケーション機能」は、東洋の場合、「関係性がすでに存在している」という前提を置くため、明示的なコミュニケーションなしに達成が可能であると考えられています【4】。しかし西洋は、重要な事柄は言語的に明瞭に伝えることが重要であり、それが達成されない者は注意に値しないという非常に厳しい世界です【5】。

Ⅴの「情報処理様式」は、東洋の場合、対象やその要素に注目するのではなく、それらの相互関係や全体的な布置（あり様）を非直線的、かつ弁証法的に定式化する傾向【6】があります。一方の西洋では、対象や要素を同定し、それらの間の理論的かつ直線的な関係を定式化する傾向がある【7】とされます。極端な言い方をすれば、東洋は雰囲気的に、西洋は論理的に情報を解釈するといえそうです。

情報の発信や処理のされ方について、責任の所在を「自分の側」に置くのが西洋、「相手の側」に置くのが東洋といえるでしょう。

ここまでの議論をもとに、もう一度最初に示した図表1-9をみて

第1部・講義編

みましょう。連携の阻害要因を、「Ⅰ　異なる職種に属するメンバー
は、理解不足のため対立しやすい」や「Ⅱ　「同質的なメンバーのほ
うが仕事の効率が高い」」としていましたが、背景要因として文化的

図表1-9（再掲）

「連携」の阻害要因と促進要因

【阻害要因】

Ⅰ　異なる職種に属するメンバーは、理解不足のため対立
しやすい

Ⅱ　「同質的なメンバーのほうが仕事の効率が高い」という
意識

【促進要因】

1　「これまでのやり方では限界がある」という危機意識

2　継続的な「場」の設定（連携のきっかけづくり）

3　継続的な学習（連携が進む水準に必要な知識の獲得）

4　小さくてもやりやすいところから始める（small start
with BIG picture）

　　危機意識を共有できる少人数→大きな方向性の共有→
大がかりな連携へ展開

多様性のマネジメント

出典：中村洋「多職種間連携における2つの阻害要因と4つの促進要因」『医療と社
会』第24巻第3号、211～212頁、2014年より作成

第3章　連携の阻害要因と促進要因

自己観や情報処理様式のあり方が関係していることがみえてくるのではないでしょうか。

4　連携の促進要因

　ここから先は、「連携の促進要因」についてみていきましょう。図表１－９の下段に連携の促進要因として、４つあげられています。一つひとつみていきましょう。

①　「これまでのやり方では限界がある」という危機意識

　連携の必要性が叫ばれても、それがうまく機能しない状況について、「これまでのやり方では限界だ」という危機意識が何より必要だとされています。この意識のない「連携」は形骸化するばかりでなく、非生産的な時間を費やす結果になることはいうまでもありません。

②　継続的な「場」の設定（連携のきっかけづくり）

　「顔の見える関係」の項（第２章２）でも触れましたが、異なる職種がお互いを知り合う「場」があれば、相手の人柄や職種の専門性を知る機会が増え「連携の初めの一歩」につながります。会議の回数ではなく、内容（質）が重視されることはいうまでもありません。

③　継続的な学習（連携が進む水準に必要な知識の獲得）

　「連携」を機能的・効果的に運営するには、一定の知識や共有される目的が必要です。連携相手の名前や顔だけでなく、職種の専門性や人となりを把握するための基礎知識は、連携の促進要因として不可欠

29

第 1 部・講義編

なものです。

④　小さくてもやりやすいところから始める

多くの関係者を集めても、目的が共有されないことには連携がうまく機能しないことは多いものです。少人数でも、大きな方向性を共有したうえで（with BIG picture）、やりやすいところから始める（small start）ことが肝要であろうと思います。

5　まとめ

この章では連携の阻害要因と促進要因についてみてきました。阻害要因の1つは「異なる職種に属するメンバーは、理解不足のため対立しやすい」というもの。もう1つは「「同質的なメンバーのほうが仕事の効率が高い」という意識」であることをあげました。また、その背景として、東洋人の文化的自己観（相互協調的自己観）や情報処理様式（情報処理の責任の所在を相手の側に置く）などの特徴について解説してきました。

地域にはさまざまな職種や機関があります。また、ある一定の職種でも、それを担う人の人柄はさまざまです。多職種・多機関の連携という考え方よりも、「多様性のマネジメント」という考え方に立脚して「連携」を眺めてみるのも一案だと思います。

第4章 「連携」の未来図

第4章
「連携」の未来図

前章までは、連携の定義や関係性、連携の阻害要因や促進要因、東洋と西洋の「文化的自己観」や「情報処理様式」の特徴、「多様性のマネジメント」というものについて述べてきました。

連携に関する最終章として、「連携のあるべき姿」や「地域づくり」について考えてみたいと思います。

1 具体的支援は事例イメージの共有から

多機関の専門職が連携を行ううえで重要なことは、「事例イメージの共有」です。事例のイメージが共有されないまま支援が展開されてしまうと、支援の方向性がバラつくばかりでなく、連携そのものに支障をきたしてしまうからです。ここに連携のプロセスで触れた「事例イメージの共有」の必要性があるのです。

図表1-12は、往々にして起こりえる現象です。4人の職種が連携していることを表しています。Aさん、Bさん、Cさん、Dさん、ともに事例のことを把握しているつもりでも、それが完全に一致することは現実的にはありえないだろうと思います。情報からイメージされる事例像は、個々それぞれに微妙にずれているものです。ここに「リアルな情報交換」の必要性があるのです。

支援の開始当初はずれが大きいとしても、タイムリーな情報交換に

31

図表1-12

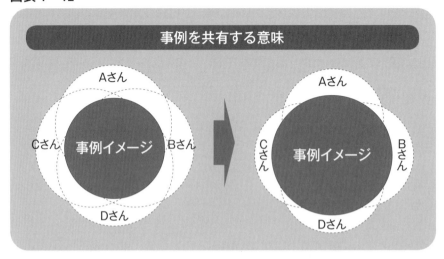

よって「事例イメージのすり合わせ」が行われ、事例像の重なり部分が大きくなってくるのです。

2 「連携」の2つのパターン

連携には、振分支援と並行支援の2つのパターンがあるようです。

「振分支援」とは、課題解決のために別の専門機関にバトンを渡すこと。「並行支援」とは、ほかの機関と支援を並行して行うことを意味します。

現在のところ「連携」という言葉の用いられ方については、「振分支援」と「並行支援」が明確に区別されているわけではなく、両者を包含する言葉として用いられています（今後、実践研究が進むなかで、この用語の使い方が変わってくるかもしれません）。

図表1-13で示す通り、「並行支援」では、連携先とのリアルタイムな情報交換が必要です。連携する多機関が協力することにより、複

合的課題が一つひとつ解決されていくわけです。「連続的な協力関係の展開」とは、まさにそのことをさしています。一方の「振分支援」では、適切なつなぎ先を見つけてバトンを渡しますので、個別事例をめぐる「連続的な協力関係の展開」には、それほどエネルギーを割く必要はありません。

図表 1 - 13

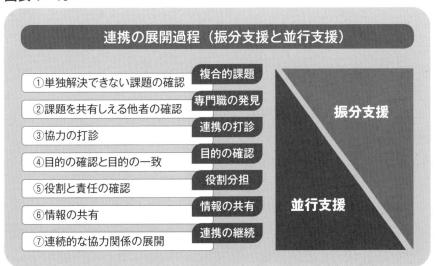

出典：吉池毅志、栄セツコ「保健医療福祉領域における「連携」の基本的概念整理—精神保健福祉実践における「連携」に着目して—」『桃山学院大学総合研究所紀要』第34巻第3号、109〜122頁、2009年を参考に作成

3 連携に必要なメンテナンス

並行支援に必要不可欠なものが図表1-13の⑥と⑦、つまり、「⑥情報の共有」と「⑦連続的な協力関係の展開」です。①〜⑦のプロセスのなかで、最も時間と労力を費やす部分です。

支援のバトンを渡して終わる「振分支援」よりも、支援を協働する

第1部・講義編

「並行支援」のほうが、「顔の見える関係」が深まることはいうまでもありません。例えば、高齢・障害・生活困窮などの同業種間の連携よりも、就労や司法や教育などの異業種との連携では、支援のスピード感、必要とされる情報や価値観など、「異次元の支援」に触れることができるため、知識の幅が広がります。また、異業種の価値観に触れることは、自分の価値観にもよい刺激を与えます。

　異業種であれ同業種であれ、連携に必要なメンテナンスに変わりはありません。どのような能力や価値観をもつ人がその地域にいるのか、どのような仕事をしてくれる人たちなのか等、「連携する相手を理解することから始める」のが連携の作法です。

　連携できる対象が見つかったら、「協力を打診する」「目的の一致を確認する」等に労を費します。報連相を基本とするリアルな情報共有を行いながら、協力関係が連続的に展開するよう「双方ともに努力すること」が不可欠です。一方的な期待値だけで、「〜してくれない」という結論を出すことは控えたいものです。連携は、「支援の過程」を通して形成される関係であるため、「つないで終わり」ではなく相応のメンテナンスを必要とするのです。

　また、連携先の機関に協力いただいた結果、事例が抱える問題が少しでも軽減された場合、協力いただいた機関に進捗報告と協力のお礼を伝えるとよいでしょう。「お陰さまで…」「次回もまた、協力いただけると助かります」等々、「次の事例」につながるアプローチを残しておくことがコツです。

4 連携のタイプとレベル

　さて、ここからは連携のタイプとチームワークのレベルに関する研

第4章 「連携」の未来図

9)10)
究を紹介していきたいと思います（図表1-14）。

図表1-14

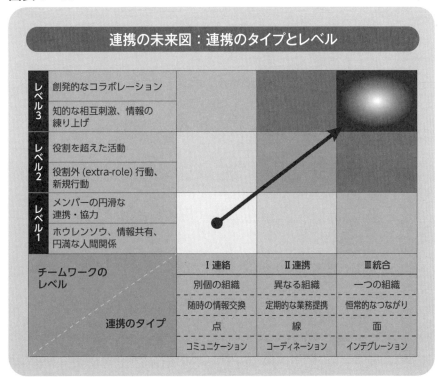

出典：古川久敬『チームマネジメント』日経文庫、22頁、2004年、前田信雄『保健医療福祉の統合』勁草書房、13～14頁、1990年を参考に作成

　この図の横軸に注目してください。「点」「線」「面」という文字が見えます。「点」は個別の事業所、「線」は異なる事業所、「面」は複数の事業所が一体となっているイメージです。
　「点」の段階ではコミュニケーションが、「連携」ではコーディネーションが、「面」ではインテグレーションが重要だといっています。
　インテグレーションとは、「分離した状態にあるものを有機的に統

第1部・講義編

合すること」です。有機的とは、組織（ここでは連携チームを意味します）の雰囲気が緩やかで、しがらみも少なく、自由な雰囲気の組織をさします。また、明文化された規則は少なく、あっても拘束力は弱いため、構成員は自らが何をするべきか考え、積極的にチームに参加している状態をさします。

　この状態が「その地域」にあるとすれば、自分にできる範囲で、お互いがお互いを支え合い、安心して暮らせる地域になることでしょう。これは、「地域共生型社会」の概念に通じる考え方です。障害者も健常者も、お互いにそれぞれの価値を見出し、できる範囲で助け合える社会をつくっていこう！　という考え方です。

　複合的課題をかかえた事例の支援を展開するとき、「連携」は欠かすことのできない手法です。しかし「連携」は、個別支援ばかりでなく、それを積み重ねることによって、地域の課題解決力を高めるという作用も持ち合わせています。個別事例の課題解決という側面ばかりでなく、「地域づくり」という側面から「連携」をとらえ直すとき、さまざまな可能性がみえてくるような気がします。

5　未来図：「個別事例」→「連携」→「地域づくり」

　本章の最後に、「個別事例」と「地域づくり」がどのようにつながっていくのかという点について解説します。

　図表1-15の上の部分には個々の事例（A・B・C）とそれに対応する相談機関があります。下の部分は、地域のなかにある社会資源です。ここでいう社会資源とは、専門職ばかりでなく非専門職も含みます。高齢者や障害者、医療や福祉、就労や教育、あるいは行政や司法といった専門機関や、向こう三軒両隣、地域のなかのボランティア、

図表 1 - 15

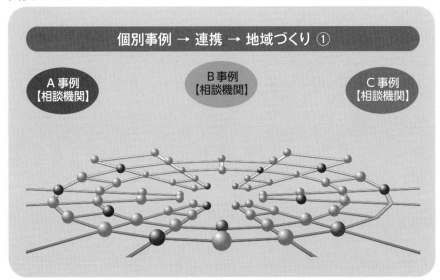

知人や友人といったさまざまな人たちも「社会資源」として考えられるのです。

　ある事例から相談を受けた相談機関は、事例がかかえる複合的な問題の内容によって、「課題を共有し合える機関の確認」や「協力の打診」を行い、組める相手を決めて「目的の確認」や「役割分担」などを行います。こうして、個々の事例と関係する機関が「線」で結ばれるとき、事例ごとの「連携チーム」が誕生します（図表 1 - 16）。

　連携チームを束ねるのは、複合的課題の全体像を把握できる相談機関であることが理想です。しかし、必ずしも「最初に相談を受けた相談機関」である必要はありません。複合的課題の全体像を鳥瞰でき、連携チームのコーディネート役として機能できる機関が担うのが肝要です。連携チームのなかで、事前にそれを決めておくとよいでしょう。

図表 1 - 16

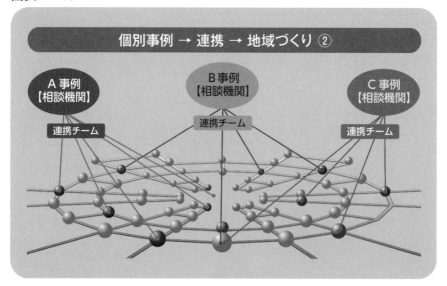

　視点を図表の下の部分、「地域」に向けてみましょう（図表1-17）。事例ごとに小さなネットワークが広がっていることがわかります。事例によって重なり合う部分もありますが、機関と機関あるいは資源と資源がつながって「面」としての広がりをもちます。

　このような社会資源が地域のなかに複数存在すればするほど、その地域の「課題解決力」が高くなることはいうまでもありません。解決困難な事例にぶつかって関係者で悩んだり、なんとかもちこたえたり、別の誰かを助っ人として招き入れたりしながら、「面」の力は強度と広がりを向上させます。個別事例から始まる支援が、連携によって「線」になり、地域ベースで課題解決を模索することによって「面」としての支援展開を可能にするわけです。見方を変えると、個別事例と地域づくりをつなぐ役割として「連携」が位置づく、と理解することができます。

図表 1 – 17

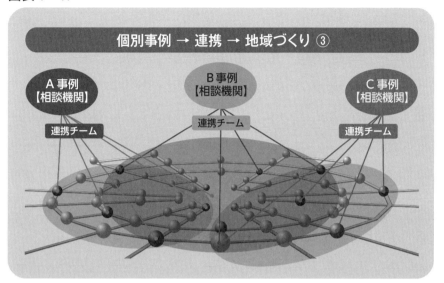

6　まとめ

　この章の前半では、「事例イメージの共有」がなぜ必要かということ、連携のパターンとして「振分支援」と「並行支援」があることについて解説した後、連携に必要なメンテナンスについて解説を加えました。

　後半では、「個別事例」と「地域づくり」がどのようにつながっていくのかという点について解説し、両者をつなぐ位置づけとして「連携」があることを詳述しました。そして最後に、「連携の積み重ね」は「地域の課題解決力を高める」ことにつながり、さらには「地域共生社会」の考え方に通じるものであることに触れました。

文献

1）吉池毅志・栄セツコ「保健医療福祉領域における「連携」の基本的概念整理―精神保健福祉実践における「連携」に着目して―」『桃山学院大学総合研究所紀要』第34巻第3号、109～122頁、2009年

2）森田達也・井村千鶴「「緩和ケアに関する地域連携評価尺度」の開発」『Palliative Care Research』第8巻第1号、116～126頁、2013年

3）森田達也・野末よし子・井村千鶴「地域緩和ケアにおける「顔の見える関係」とは何か？」『Palliative Care Research』第7巻第1号、323～333頁、2012年

4）西村佳哲『自分をいかして生きる』ちくま文庫、2011年

5）中村洋「多職種間連携における2つの阻害要因と4つの促進要因」『医療と社会』第24巻第3号、211～212頁、2014年

6）Markus, H.R. & Kitayama, S., "Culture and the Self : Implications for Cognition, Emotion, and Motivation", *Psychological Review*,vol. 98, No. 2, pp.224～253, 1991

7）北山忍「文化的自己観と心理的プロセス」『社会心理学研究』第10巻第3号、153～167頁、1994年

8）石井敬子・北山忍「コミュニケーション様式と情報処理様式の対応関係：文化的視点による実証研究のレビュー」『社会心理学研究』第19巻第3号、241～254頁、2004年

9）古川久敬『チームマネジメント』日経文庫、2004年

10）前田信雄『保健医療福祉の統合』勁草書房、1990年

第2部

事例編

ここでとりあげる事例は、筆者のソーシャルワーク経験及び生活困窮者自立相談支援事業にかかわった経験を踏まえたうえで、さまざまな連携のあり方について物語として創作したものです。

第2部・事例編

第1章

個別支援

事例 1 | デイサービスを利用する母親に無心する長男
―戦略的な就労支援と家族の絆の復活―

　デイサービスの施設ケアマネジャーから、主任相談支援員の井上の元にこんな電話が入った。

　「鈴木光代という利用者の長男が、数年前に離職してから定職に就かず、毎日フィリピンパブに通っている。お金がなくなると母親に年金を無心。デイサービスの利用料の滞納が数回あり、これ以上繰り返すと母親がサービスを利用できなくなる。長男には就職活動をするよう促しているが、『ハローワークに行っている』と言うものの、就職活動しているようにはみえない。長男の就労支援をお願いできるだろうか」という内容だ。

1.「ゴミを何とかしたい…」

　母親や長男の状況把握を目的に、ケア会議が開かれた。参集した関係者は、施設ケアマネジャー、民生委員、高齢者担当課（保健師）。生活困窮者自立相談支援機関（以下「困窮チーム」という）からは井上と、就労支援員の山本が参加。とりまとめ役として、地域包括支援

42

センターが介入した。

　地域包括支援センターの職員が司会を務め、世帯の家族状況、経済状況、近隣との関係等を確認。その後、問題となったのは世帯の家屋状況であった。施設ケアマネジャーは「2か月前に撮影した」という写真を見せながら、「このゴミを何とかしたい…」と言った。

　玄関からキッチンに続くスペースは、コンビニの袋、ペットボトル、新聞や雑誌、請求書等々で埋めつくされている。その他、猫が8匹、犬が2匹。玄関にはペットフードの袋が山積みにされ、一部は破れて餌が散乱。「こんな状況なので、近所の猫たちが集まってくるんです」と施設ケアマネジャー。

　関係者の意識は「ゴミの撤去」に集中した。口をそろえたように「これから夏になる。このゴミを何とかしないと異臭もひどくなり不衛生だ」と言う。確かにその通りだった。しかしどうみても、そのゴミは、ここ数日、いや数か月でたまったものではない。撤去したところで、元の状態に戻るにはそれほど時間を要さないはずだ。「過去に、ゴミの問題で近所からクレームが出たことはありますか？」と民生委員に確認したところ、「一度もない」と言う。

　近所の問題があるとすれば、数軒先のお宅（昔の同級生がいるらしい）のおばあちゃんと、お金の貸し借りをめぐってトラブルがあったようだ。しかし、双方ともに認知症のため、「どっちもどっち」ということで、先方の家族により解決されたらしいと民生委員。

　この家の状況に詳しい保健師の杉田からは、「この家には次男がいる。精神の障害があり、10数年来仕事をしていない。現在は、仕事をするわけでもなく、施設に通うわけでもない。通院している開業医とは関係がよくないようだ」と。施設ケアマネジャーから「母親の話

では、薬を飲むと動けなくなるので飲まなくなる。薬は飲んだり飲まなかったり…」と情報が追加される。さらに、「最近はゴミのなかで寝て、コンビニ弁当を食べ、調子がよいときにはバイクでどこかへ行き夕方までもどらない」と。杉田は、過去の記録を見ながら処方内容を確認し、薬が効きすぎている「過鎮静」の可能性を指摘した。

世帯の経済状況は、母親の老齢厚生年金と次男の障害厚生年金。合算すると「そこそこの生活」は成り立つ。母親の年金は長男が管理し、デイサービスの利用料等を支払っている。次男の年金は本人管理。食事や経費はそれぞれの年金でまかなわれているらしい…ということであった。

話し合いの結果、「長男を、一家の大黒柱として立て直す」という支援方針が立てられた。

2. 家庭訪問　ミケと花子のお出迎え

数日後、施設ケアマネジャーが母親の光代に、「長男の就労について支援してくれる人がいるので会ってみないか？」と打診。関心を示した光代が長男を説得。初めての訪問は、梅雨の合間の蒸し暑い日となった。

隣近所には数件の家が並ぶ。家屋はブロック塀に囲まれ、敷地内に「ゴミ」はない。…？　ゴミ屋敷のはずなのに、ゴミが…ない？　「近所からゴミのクレームが出たことはない」という民生委員の情報を思い出す。

約束の訪問時間にチャイムを鳴らす。立てつけの悪い玄関の扉が開くと、ステテコ姿の次男（トオル）が出てきた。扉の奥から、ゴミとともにペットの異臭が鼻を突く。訪問の趣旨を伝えた後、「このワン

第1章　個別支援

事例 1

ちゃんや猫ちゃんも家族？」と尋ねてみた。「猫はミケと花子、犬は太郎。こいつらは飼っているけど、ほかの連中はいつの間にか住み着いたみたいだね…」とにこやかに答える。このやりとりをしている隙に、ミケと花子が足元に擦り寄ってくる。私は猫が苦手だ…。

玄関を入るとすぐに四畳半ほどの台所がある。シンクやガスコンロの上にもコンビニの袋がある。冷蔵庫の扉には郵便物やチラシがマグネットで張り付けてある。食卓テーブルの上には未整理の郵便物や得体の知れない袋が置いてあり、写真で見た通りの状況である。しかしよくよく見ると、なかには分別されているゴミもある。トイレや風呂へ移動する動線部分だけは、獣道のようにゴミがない。

長男（辰夫）が出てきた。髪はボサボサ。しばらく風呂に入っていないせいか体臭が鼻を突く。訪問の趣旨を伝え、力になれるかもしれないことを説明すると関心を示し、「俺も働きたくないわけじゃないんでね」と。これまでの就職活動、現在の身体状況、就職の意思について、ざっくり質問すると抵抗なく答えてくれた。

そんなやりとりのなか、一枚の督促状が目についた。封は開けられていない。開封してもらうと水道料金の督促だった。「水道以外に、何か督促状のようなものはありますか？」と聞くと、「あるけど、わからん。市役所に行っても、何の説明なのか、どうすればよいのかがわからない」と辰夫。「私たちが一緒に行くので、ついでに調べてみましょうか？」と提案。支払うべき税金等がいくらあるのかを明確にすれば、収入目標も明確になる。「一緒に行ってくれるなら、行ってもいいよ…」と同意を得る。

45

第2部・事例編

3. 市役所同行

　事前に保健師の杉田に連絡し、市役所へ同行する日程・目的について調整を依頼した。杉田から庁内関係者に事前説明がなされ、来庁時の対応は速やかに行われた。高齢者担当課のなかに元税務関係部署に配属されていた職員がいたため、杉田の計らいでその者が税金等について概要を説明してくれることになった。

　住民税をはじめ各種税金の滞納額は合計で約50万円。一部減額免除可能なものが判明し、長男の辰夫により減額申請が行われた。

　「この程度なら返せるかもなあ…」と辰夫。「頑張れば納付可能な額ですから、ぜひ頑張ってください！」と担当者に励まされ、ニヤリと微笑んだ。

4. 職業能力の把握

　就労支援に不可欠な要素は、「職業能力の評価」と「稼がなければならない収入額の明確化」だ。

　まずは、中学を卒業してから現在までの就職状況についてヒアリングを行った。中学校を卒業してから約40年間、辰夫は働き続けた。転職はしているものの、思ったほど頻繁ではない。最短で2年、最長で10年の職歴をもつ。仕事をしながら工業系の専門技術を身につけ、それを活かして稼いできた。2年前から病気が原因で仕事を離れて以降、仕事に就けていない。病気が回復した後、「ハローワークへ行ったけど仕事がなかった」と言うが、よくよく話を聞くと、求人端末の使い方がわからず求職活動ができなかったようだ。

　小中学校の成績は下から数えたほうが早かった。やんちゃもやった。しかし、仕事に対する姿勢は違っていた。「うちは貧乏だったか

ら、この家は俺が支えるしかないと思って働いてきたんだ。俺には友達がいないから、愚痴をこぼす相手もいない。パブのお姉ちゃんたちは、こんな俺を励まし続けてくれたよ。ウーロン茶しか飲まない俺に、『大丈夫、頑張ればきっといいことあるよ！』ってね」

アルコールが飲めない辰夫がパブに通っていたのは、そんな理由からだった。

5. 求職活動準備→採用面接

辰夫の職歴をヒアリングした困窮チームは2つの戦略を立てた。1つは、本人がハローワークへ行って自分で求人票を選んでくる。もう1つは困窮チームが求人票を選んでくる。もちろん後者は、本人の職歴、特技、社会情勢、等々、トータルな評価を加えたうえで、就労支援員が「この仕事なら行ける！」と太鼓判を押す仕事だ。

本人が選んできた求人は15社。選んだ理由は「仕事内容」と「給与」。困窮チームがみる限り、採用されることは難しいものばかりだ。一方、困窮チームが選んだ求人票は5社。給与面は低いが、①休職というブランクがあること、②「次のステップ」を前提とするものだった。しかし辰夫は、「こんな給料じゃやる気が出ない」とふんぞり返っている。そういう反応が返ってくることは承知のうえだったが、候補として外すことはしなかった。

まずは、辰夫が選んできた企業の採用面接を申し込むことにした。日程が決まると、ボサボサの頭を床屋で整髪。1万円でスーツを購入。その足で顔写真をとり、履歴書に貼り付けた。風呂に入ったのか、体臭もなくなった。履歴書チェックが終わり、「いざ出陣！」の出で立ちである。

第 2 部・事例編

　辰夫が最も希望した採用試験には筆記試験があった。筆記試験では、漢字が読めない、文章の意味も理解できない。面接では、緊張して声が出ない。「質問された内容も、答えたことも、全く覚えていない」という。結果は本人にもみえていた。

　「本人が選んだ企業」の採用面接は 9 社まで全敗。「もうダメかなあ…」という本人に、山本はこれまで受けてきた採用面接の振り返り、9 連敗してもあきらめなかったことを評価した。「パブのお姉ちゃんの励ましを無駄にすることなく頑張りましょう」と発破をかけ、困窮チームの選んだ企業の採用面接を受けることを提案した。

6. 初めての合格

　紹介したのは警備関係の仕事。警備会社の所長が「こんな人がいたら紹介してほしい」という人物像に、辰夫はドンピシャだった。採用面接は一発で合格。トントン拍子で話が進み、配属先が決まった。

　「仕事着」として制服が支給された。当初は、慣れない制服姿であったが、日を追うごとにサマになってくる。仕事を覚えている証拠だ。所長に辰夫の様子を確認すると「真面目にやってくれてます！」と言う。本人も「体力的にはきついけど、これならやっていけそうだ」とのこと。まずまずの出だしである。

7. 母親の思い

　施設ケアマネジャーに辰夫の就職状況について報告。「ホントですか？！」というのが第一声であった。「お母さんに本人の状況をお伝えしたいのですが…」と提案すると、「ぜひ、そうしてください！」と言う。

48

第1章　個別支援

事例
1

　困窮チームの報告を、母親の光代は黙って聞いた。目にうっすらと涙を浮かべ「ありがとうございます。あの子は真面目な子なので何とかなると思っていましたけど、内心はハラハラしていましてね。あの子には苦労をかけ続けたので、私も強くは言えないところがあるんです」と昔話を始めた。

　光代は過去に3度結婚した。「長男と次男は異父兄弟なんです。お兄ちゃんは頑張り屋だけど次男は甘えん坊で…」と、遠い昔に思いをはせる。2度目の結婚のとき、夫が事業に失敗。借金に追われて、食べるものもない毎日だった。その頃、中学を卒業したばかりの長男が「『俺働くよ』と言ってくれたんです」。

　借金を返すのに精一杯だった光代は、ついつい辰夫の言葉に甘えたという。辰夫が小中学校の頃も、「何がなんだかわからないくらい忙しかったので、子どもたちの参観会には一度も出ることができなかった」と言う。

　「今も昔も、あの子に頼りっぱなしで申し訳ないと思うけど、あの子が働けるようになったので、私もすっかり安心しました」と言う母親に、困窮チームは「次の提案」をした。

8. 初めての「参観会」

　「長男さんが仕事している姿を、一緒に見に行きませんか？」という提案に、光代はキョトンとしている。「そんなことできるんですか？！」と言いながら笑みを浮かべた。施設ケアマネジャーも「僕も行ってもいいですかね？　光代さんの車椅子を押しますので…」と同行を希望。後日、所長に事情を話したところ、「それはよい企画だ、ぜひやりましょう！」と参戦を表明。こうして、「初めての参観会」

49

第2部・事例編

が実行に移されることとなった。

「車はここに停めて、車椅子はこのルートで行く。その時間、本人はこの場所を巡視しているので、"ご対面"はこのあたり。記念撮影は、ここの角度からがよさそうだ」とスケジュールを組んでくれたのは所長だった。辰夫には「内密にことを進める」こととした。

辰夫の職場に着いた光代は「こんな広いところで働いているんですか？！」と第一声。車を所定の位置に停め、人ごみのなかを所長の誘導で車椅子が進む。施設ケアマネジャーもきょろきょろしながら目的地に向かう。到着した場所は建物の3階。もうそろそろ辰夫が巡回に来る時間だ。辰夫を待ちながら所長が業務内容を説明。「ホントによくやってくれるので、すごく助かってます」と熱を込めて語る。

「アッ…？」と最初に気がついたのは辰夫だった。近づいてくるなり「なんでここにお袋がいるんだ？」と山本の耳元でささやく。「頑張ってるか？！」という所長の声に、「異常ありません！」と停止敬礼する辰夫。そこで初めて長男に気がついた母親は、制服姿のわが子を車椅子から見上げた。

「来るなら来るって教えてくれよ…」とつぶやく辰夫に、「おまえは普通に仕事してればいいんだ、心配するな」と所長。「了解しました」と仕事に戻ろうとする辰夫を呼び止め、「記念写真を撮るから、お前はここに立て」と所長命令が下る。制服姿で直立する長男と車椅子の母親。長男は照れくさそうにはにかみ、母親は微笑んでいる。これが1枚めのショット。「お前、少ししゃがめ！」という2度めの所長命令で、辰夫は腰を下ろす。光代と目が合う高さになったが、辰夫は目を合わせようとしない。そんな長男を、母親はにこやかに眺めている。これが2枚めのショット。「よし、職務に戻れ」という命令で辰

50

夫は解放され、巡回業務に戻っていった。光代は終始にこやかだった。「元気に働いているんだね、安心しました。本当によかった」と目頭が熱くなった。

9. もう1つの目標

　ここまでの経過を整理するために、支援チームメンバー（施設ケアマネジャー、地域包括支援センター、民生委員、保健師）を集めて支援経過を振り返った。当初の支援目標は、母親の年金を無心する長男に対する就労支援であり、「一家の大黒柱を建て直すこと」であった。

　長男の辰夫は無事に就職した。相変わらずフィリピンパブに通ってはいるが、「自分で稼いだお金だからね。仕事の愚痴がこぼせるなら、それもよいでしょう」と語る光代は、「これで安心してデイサービスを使えます」と。次男のトオルも自分の障害年金でやり繰りしている。滞納していた税金等の返済計画も辰夫によって立案された。

　ここまでの経過の振り返りで、「当初の目標」は、ほぼ達成されたことを確認した。しかし、困窮チームは、「もう一歩先」の目標を視野に入れていた。それは、次男へのアプローチである。われわれが提供する長男への支援を次男に見せることで、就労への意欲を喚起しようとする戦略である。

　後日、光代にこの話を伝えたところ、「実はあの子（トオル）にも、その気があるみたいです」と言う。困窮チームと辰夫との様子を見ていた次男は、「俺も手伝ってもらえれば就職できるかもしれないなあ」と母親に話していたようだ。「あの子は甘えん坊だから、何かあるとすぐに辞めちゃうんですよ。でも、『その気があるなら頑張れ』って話していたところなんです」と言う。

第2部・事例編

10. 次男の決意

　数日後、次男のトオルが事務所にやってきた。ボサボサの髪を刈り上げ、型の古いスーツを着込んでいる。「髪型が変わりましたね？」と尋ねると、「昨日、母ちゃんがバリカンで刈ってくれたんです。やるからには気合入れなきゃダメだって言われて、頭を丸めました」とニコニコしながら話す。スーツは、「成人式のときに母ちゃんが買ってくれたもの」だと言う。

　トオルの支援課題は大きく2つ。1つは過鎮静状態になる内服薬の確認と病状の把握。2つめは就労可能性の具体的な検討である。

　病歴について聞き取りを行うと、次のことがわかった。医師との信頼関係は破綻しており、診察を受けることなく処方のみがなされていた。気分が落ち込んだときに薬を飲むと、身体が重くなって動かない。「どうして診察を受けない？」という質問に、「調子が悪いと死にたくなる。それを先生に言うと、入院しろといわれる」と言う。処方内容は多剤多量。主治医は年配で「親父みたいに怖い人物」らしい。

　職歴は工業系の高校を卒業後、工場を転々とする。ある工場で面倒見のよい社長と出会い、10数年働いた。後に「うつ病」を発症して退職。退職時の給与は手取りで25万円。障害厚生年金は、そのときに申請し、現在も受給中。職務内容から推察すると、就労能力はそれほど高くない。「障害厚生年金＋手取り＝18万円前後と考えれば、それほど難しくはない。人当たりもよいので比較的早く職は見つかるだろう」というのが困窮チームの見立てである。問題は、病状が影響して、その職場に定着できるか否かだ。医療機関変更を提案したが、「そんなこと言ったら医者に殺される」と拒否。「今は病状も安定しているので…」という本人の希望をまずは尊重し、「こちらが必要だと

52

判断したときには受診すること」という約束のうえで、求職活動を開始することにした。

11. 長男、転職への挑戦

長男の辰夫が、就職して1年6か月が経過しようとする頃、転職を意識するようになった。理由は「次のステップに進みたい」というもの。現在の仕事は、「休職のブランクを埋めるための一時的なつなぎ」であり、「自分が得意とする工業系の仕事に戻りたい」と言う。「職場にも慣れて同僚や上司から信頼されるようになったのに、なぜ？」と問うと、「彼女とデートするのに車を買いたい」と言う。どうやらこれが本音のようだ。50代後半、ここからどのような展開をみせるのか。「今度は自分で仕事を探してみる。困ったら、また相談するので挑戦させてほしい」と言う辰夫は、現在の仕事を続けながらハローワークに足しげく通うようになった。

12. 次男の就職

一方、次男のトオルは4回目の面接で就職先が決まった。「俺は兄貴と違って真面目だから、仕事も早く決まるんだよ」と笑う。就職先は電子部品の工場。家族経営らしく従業員も少ない。時給は950円。採用面接のとき、社長に「明日から来てくれ」と言われたようだ。

仕事を始めて1週間が経過した頃、「時給を下げてもらった」と連絡が入った。「？？？」理解できない…。「自分は作業が遅いので950円では心が痛い。850円に下げてほしい」と自ら申し出たようだ。社長は「入ったばかりだから仕事が遅いのは仕方がない。慣れてくるまで950円でよい」と言ってくれたが、本人が「850円にしてもらわな

第2部・事例編

いと仕事に来ない」と動かず、社長もしぶしぶ応じたらしい。

　トオルが就職して2か月が経過した時点で「振り返り面接」を行った。仕事は休まずに通えている。「あのとき、何があった？」と問いかけると、「社長の奥さんが、俺が働いているところを後ろからじろじろ見るんです。『仕事が遅いなぁ…』と思われているような気がしてたまらなかった」と言う。睡眠状態は、「明け方まで眠れなくて、一睡もせずに出勤したこともあった」らしい。最近では改善されたようだが、今ここで、改めて受診を勧めた。

　トオルは「入院させられるから嫌だ」と頑なに拒否していたが、現在は仕事に通えていること、仕事を継続するために適切な睡眠を維持する方法を医師に相談すること、病院については支援者が最も信用する医療機関を紹介し、受診にも同行する旨を伝えると、緊張の面持ちが解け、受診に同意した。

13. 受診同行

　地域ケア会議で顔を合わせている精神保健福祉士（PSW）に相談。事情を説明し、適切な医師の選定を依頼した。受診日までに、受診目的、これまでの経緯、就職状況等々を整理した紹介状を就労支援員の山本が作成することになった。

　受診当日、病院の玄関で待ち合わせるとトオルは早々に来て待っていた。「実は、来てくれるかどうか心配していました」と井上が告げると、「社長にも正直に相談したんです。そしたら、『仕事を続けるためだから行ってこい。お前に抜けられたら困る』と言ってくれたので、頑張って来ました」と言う。

　PSWの計らいで診察はスムーズに進み、これまで服用していた薬

第1章　個別支援

事例
1

（多剤多量）も整理されることになった。診察場面では入院を勧められることもなく、「仕事の継続は無理をしないこと。具合が悪くなったら早めに休んですぐに受診すること」と医師と約束をした。しかし、その5か月後、生活リズムを崩して体調が悪化。いよいよ休職を余儀なくされた。医師は入院を強制することはなかったが、復職を前提に、こんな提案がなされた。「ショートステイを使いながら生活リズムをリセットしてはどうでしょう。体調が戻ればショートステイしながら仕事に通ってもよいと思いますよ…」と。トオルはこの提案を受け入れた。

14. 担当者会議

　トオルのショートステイ利用から2か月後、関係者が集まって支援の進捗具合が確認された。

　光代は毎日、デイサービスに通っている。利用料の滞納もなく、辰夫やトオルの状況を施設ケアマネジャーに話すようになったという。辰夫の転職話は実現できていないが、現在の仕事は休むことなく通っている。フィリピンパブにも時々通っているようだが、「自分が稼いだ金で通うならよいでしょう…」と関係者は好意的に受け取るようになった。トオルは2週間のショートステイで生活リズムを回復し、現在は勤務時間を短縮して仕事に通っている。

　光代は、「家族みんなが元気で過ごせるのが一番です。何の苦労もなく生きていくことはできないですからね。この程度の苦労なら、みんなで手分けして背負っていけると思います」と施設ケアマネジャーに話した。

　民生委員は、「この世帯の課題がすべて解決されたわけではないで

第2部・事例編

すけど、お母さん、長男さん、次男さん、それぞれの課題に向き合うことができてよかった。進むべき方向が見えてきたような気がします。当初はどうなるのかと思いましたが、本当に安心しました」と安堵の表情を浮かべた。

連携相関図 事例1（支援の経過1.〜4.）

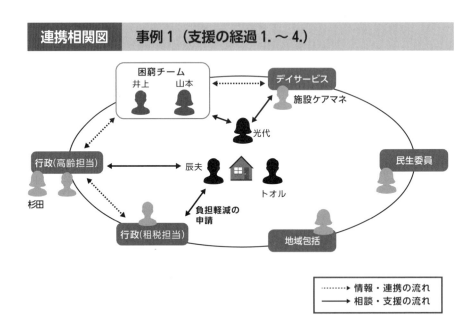

（多剤多量）も整理されることになった。診察場面では入院を勧められることもなく、「仕事の継続は無理をしないこと。具合が悪くなったら早めに休んですぐに受診すること」と医師と約束をした。しかし、その5か月後、生活リズムを崩して体調が悪化。いよいよ休職を余儀なくされた。医師は入院を強制することはなかったが、復職を前提に、こんな提案がなされた。「ショートステイを使いながら生活リズムをリセットしてはどうでしょう。体調が戻ればショートステイしながら仕事に通ってもよいと思いますよ…」と。トオルはこの提案を受け入れた。

14. 担当者会議

　トオルのショートステイ利用から2か月後、関係者が集まって支援の進捗具合が確認された。

　光代は毎日、デイサービスに通っている。利用料の滞納もなく、辰夫やトオルの状況を施設ケアマネジャーに話すようになったという。辰夫の転職話は実現できていないが、現在の仕事は休むことなく通っている。フィリピンパブにも時々通っているようだが、「自分が稼いだ金で通うならよいでしょう…」と関係者は好意的に受け取るようになった。トオルは2週間のショートステイで生活リズムを回復し、現在は勤務時間を短縮して仕事に通っている。

　光代は、「家族みんなが元気で過ごせるのが一番です。何の苦労もなく生きていくことはできないですからね。この程度の苦労なら、みんなで手分けして背負っていけると思います」と施設ケアマネジャーに話した。

　民生委員は、「この世帯の課題がすべて解決されたわけではないで

すけど、お母さん、長男さん、次男さん、それぞれの課題に向き合うことができてよかった。進むべき方向が見えてきたような気がします。当初はどうなるのかと思いましたが、本当に安心しました」と安堵の表情を浮かべた。

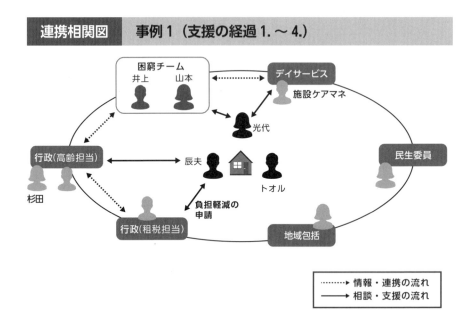

連携相関図　事例1（支援の経過 1.〜4.）

第1章 個別支援

事例 1

連携相関図 事例1（支援の経過 5.～ 8.）

連携相関図 事例1（支援の経過 9.～ 14.）

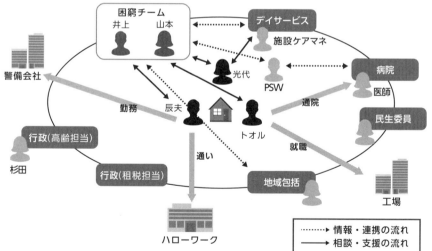

主な関係者

鈴木光代（困窮当事者）……心配の種だった息子たちが、困窮チームの支

第 2 部・事例編

援もあり、見事就職。施設ケアマネジャーにも明るく息子たちの話を
するように。

鈴木辰夫（困窮当事者・長男）……長年の無職状態から、警備会社への就
職が決まるが、1 年半ほどが経過した頃、転職をほのめかす。

鈴木トオル（困窮当事者・次男）……精神障害で障害厚生年金を受給。兄
の就職をきっかけに一念発起。ついには、電子部品の工場に採用され
るが病状が悪化。

施設ケアマネジャー……デイサービスに勤務。利用者の光代の暮らしぶ
りを心配し、生活困窮チームに相談をもちかける。

井上（主任相談支援員）……就労支援員の山本らとともに鈴木家の支援を
継続的に行っている。

山本（就労支援員）……井上とともに、鈴木家の長男の就労支援を担当。
長男に続けて、次男の就労も支援。

地域包括支援センター職員……井上らの呼びかけに応じ、とりまとめ役
として鈴木家の支援チームに加わる。

民生委員……支援チームの一員。鈴木家の近隣に在住。

杉田（高齢者担当課）……保健師。過去の処方記録から、トオルの「過鎮
静」の可能性を指摘。

PSW（精神保健福祉士）……地域ケア会議で、井上とは顔なじみ。トオル
の受診について、井上から相談を受ける。

医師……PSW の計らいで、トオルの新たな診療先として選定された病
院の医師。

所長（警備会社）……辰夫の就職先の所長。「真面目にやってくれていま
す！」と好意的。

58

用語解説

【障害年金】

　公的年金の被保険者等が、法令により定められた障害等級表による障害の状態にあり、その原因となる傷病の初診日が原則、国民年金の被保険期間中である場合には「障害基礎年金」が、厚生年金の被保険者期間中である場合には加えて「障害厚生年金」が支給されます。ただし、障害年金を受給するためには、初診日のある月の前々月までの被保険者期間について、その3分の2以上の期間分の保険料が納付または免除されていること等の要件を満たす必要があります。精神障害者に限らず、こうした要件を満たしたうえで、必要な添付書類（受診状況証明書、診断書等）を揃えて申請することは、必ずしも容易ではないようです。

【一部減額免除】

　さまざまな制度において、保険料・税の軽減や免除を行うなど、低所得者の負担軽減を図る観点からの措置が講じられています。例えば、国民年金の保険料について、障害年金の受給者や生活保護（生活扶助）の受給者等を対象に保険料の全額を免除する制度や、一定の条件を満たす低所得者を対象に所得等の条件に応じた4段階（全額、4分の3、半額、4分の1）の免除を行う制度があります。また、国民健康保険料（税）について、倒産などにより解雇された方の保険料が減額される制度や、災害や病気などにより生活が著しく困難になった場合や、前年より大幅に所得が減った場合などに全部、または一部が免除される措置が講じられます。このほか、世帯における医療費が一定額を超える場合に、所得等に応じた限度額を超える費用が払い戻される制度もあ

第2部・事例編

ります。こうした制度は、とても役に立つ立派な制度ですが、申請をしないと適用されないものも多くあります。日頃から、こうした制度について学んでおく必要もあるでしょう。

第1章　個別支援

> **事例 2** 　**指導違反で生活保護廃止、その後の支援を頼みたい**
> ―職業評価・マッチング・定着支援、そして自立へ―

　「こんな事例の支援をお願いできるか？」と生活保護担当課の野口から電話が入った。就労能力がありながら就職しようとしない。過去に生活保護の就労支援プログラムを使って支援を行ったが、ハローワークから紹介される仕事ものらりくらりとかわす。採用面接日が決まってもドタキャンして顔を出さない。やっと就職が決まっても2、3日で無断欠勤する等々、これらの行動が数か月にわたって続いたため、指導違反として生活保護の廃止が決まった。本人に生活困窮者自立相談支援事業の就労支援を説明したところ、「支援希望」の意思確認がとれた。ついては、生活保護廃止後の支援をお願いしたい…という内容であった。

　主任相談支援員の井上と就労支援員の山本は、担当者から情報を得るために市役所に向かった。

1．働く能力はあるのに、なぜ？

　生活保護担当課の野口は、「働けると思うんですけど、いつもこうなんです」と、これまでの経過を話し始める。西条アキラ（53歳）。3人兄弟の長男で両親はすでに他界。兄弟との交流はなし。中学校を卒業してから土木関係の仕事を転々とした。10年前からは解体工事関係の仕事を中心に転々としている。3年前に解雇。失業給付を受けながら就職活動をしていたが、しばらくして給付が終わる。その後も仕事が決まらず生活保護申請。「就労支援プログラムを活用して、早

61

第2部・**事例編**

めに就職すること」を目標に、ハローワークと協力しながら職業紹介等を行ってきた、と支援の概略を野口が説明した。

ここで就労支援員の山本が「ハローワーク職員の職業能力評価はどうなのでしょう？」と聞いた。ハローワーク担当者の意見では、「一見、真面目で人当たりもよく、どちらかというとコツコツやるタイプに見える。しかし、これまで紹介してきた会社はすべて行けていない。それも、ドタキャンとか無断欠勤ばかりなので、今では全く信用がおけない」という評価だった。

山本は、野口に向けてこんな質問をした。「野口さんの目には、どのように映ります？　本人は就職できそうなのですか？」と。「僕は行けると思うんです。そもそもの性格はとても真面目だし。家の中も片づいていて、仕事ができないとは思えない」と野口は語る。これらの話を聞いて、山本は「ピン！」ときた。「マッチングに問題があるかもしれない…」と。

井上と山本は、情報収集を終えたその足で本人の家を訪問することにした。事前に連絡を入れようとしたが、携帯は止められていたため、直接うかがうことにした。

2. 書き置き：思いを名刺に込める

野口に教えられた通り、川沿いの細い道を進むと長屋が現れた。周りには新築された家が並ぶ。その片隅に、数十年前から時間が止まっているかのような長屋が、一軒だけ、ひっそりと建っていた。

玄関は引き戸。郵便受けと新聞受けを兼ねた赤色のポストが柱にかかっている。その上にあるチャイムのボタンを押す。2回…、3回…、4回…。出てこない。裏庭に回って様子をうかがう。雑草もなく小ぎ

れいにされている庭には、自転車が1台停めてある。家の中に人の気配はない。井上は名刺に「手伝えることがあるかもしれないので連絡をください」とメッセージを書き込み、事業所のパンフレットと一緒に玄関にはさんだ。野口にも状況を連絡し、近くに行ったときに声をかけてほしい旨を依頼する。

その日の夕方、「すみません。ちょっと用事があって出かけていたので…」と本人から連絡が入る。書き置きの内容も理解しているようで、「一人ではなかなかうまくいかないので、手伝ってもらえると助かります」とのこと。改めて訪問日を設定した。受話器を置いた山本は、「何がうまくいかないのだろう…」と思いながら、聞き取った情報に目を落とした。

3. 家庭訪問：アウトリーチ

長屋の隣にある駐車場に車を停めると、本人が出てきた。「車を停める場所は、ここでいいですか？」と尋ねると、「もう少し前のほうがいいですね。隣の人の車が入るから…」と本人。紺色のジャージと半そでの肌着姿。手には団扇を持っている。

家の中に家具は少なく、掃除もされている。「男所帯にしてはきれいにされていますね」と言う井上に、「今日、来るって聞いたので、さっき掃除したんです」と笑う。台所には調理をしている気配が残っている。「料理、自分でつくるんですか？」と山本が尋ねると、「自分は米が好きなんで、米は炊きます。あとは出来合いの物を買ってきて、温めて食べてます」と言う。「電子レンジがないのに、どうやって温めるんですか？」と井上が聞くと、ガス台を指しながら「そこで焼いたりあぶったりするんですよ。でも、最近は金がないので、米に

第2部・事例編

醤油やふりかけをかけて食ってます」と団扇であおぎながら笑う。

冷蔵庫の中は空。コンセントが外されている。その上に、醤油とみりんとポン酢とふりかけが置いてある。その他に食料らしきものはない。「食べ物が困りますね」と言う井上に、「米が3kgあるから、醤油をかけて食べれば数日はもちます」と言う。

4. フードバンク（1回め）：心をつなぐメッセージ

家庭訪問で把握できたことは、①各種料金の滞納状況（家賃2か月、水道代1か月、携帯料金）、②中卒以降の職歴、③食料及び生活費の状況（手持ち金6000円）。このうち、家賃については本人が大家に直接願い出て、就職が決まってから支払うことになったらしい。食料を買うお金も底をついているため、まずはフードバンクを依頼し、併せて後々のことを検討することとした。

フードバンクについては、「井上さんが訪問して、利用者の生活状況を直接把握していただいたうえで、フードバンクが必要だとアセスメントできれば申請はOKです」という段取りになっていた。以前、別事例で利用したとき、「限られたものですが、できるだけリクエストに応じたものを入れました。応援していますので頑張ってください！」というメッセージが入っていた。今回は、こちらから「俺は米が好きなので米が欲しい」と本人のメッセージを伝えた。すると、「お米を中心に食料を入れました。おかずになりそうな物も入れてあります。就職活動、頑張ってください！」というメッセージが添えられていた。

64

第1章　個別支援

5. ハローワーク同行：参与観察による評価

　事前にハローワークの担当者に連絡を入れ、これまでの就職活動について情報を収集した。本人に対する担当者の評価は、「やればできるのにやろうとしない」「約束を破る」「すぐに無断で辞める」等々、実に厳しかった。山本は「この評価の低さは、なぜ…？」と疑問を抱いた。その後、ハローワークへ出向いた山本と本人は、担当者があらかじめ選んでおいた会社の求人に申し込むことになった。

　一通りの手続きが終わってから、山本は本人とともに求人端末の前に座った。「試しにいくつか探してみましょうか」と勧めたが、本人は座ったまま何もしない。「どうしたの？」という山本の質問に「使い方がわからない」という。「では、これなんかどうですかね？」と山本が検索する求人票を覗き込むしぐさはするが、反応はない。「この求人票、給料はいくらですか？」と山本が尋ねる。「15万円」と本人。「勤務場所は？」と尋ねても「…」答えがない。「仕事内容は？」とさらに問うが「…」。「そういうことだったのか！」と山本は納得した。本人は漢字が読めなかったのだ。

6. 就職決定：まずは、やってみる！

　ハローワークの担当者が勧めてくれた企業に合格。翌週から仕事が始まった。1週間は座学。DVDを観て仕事の内容と留意点を覚える。「観るのに飽きて眠くなった」というものの、アキラは1週間耐え抜いた。

　2週目から現場に出ることになった。念のため、仕事が終わったら必ず電話をもらうことにした。初日は「疲れたけど何とかやっていけそうです」と連絡が入る。2日目は、「なんだか難しそうです…」に

第 2 部・**事例編**

なり、3 日目には連絡が途絶えた。こちらから連絡しても出ない。4日が過ぎ、1 週間が過ぎた頃、本人から連絡が入った。「心配していましたよ…」という山本の言葉に、「すみません…」とうなだれた声が聞こえてくる。「続けられそうですか？」と山本が尋ねると、「難しいです…」という答えが返ってきた。「辞めるという意思表示はしましたか？」と問うが、「何もしていない」と言う。

　山本は少し間を置いて、「わかりました。顔を合わせて話をしましょう。ただその前に、辞めるなら辞める、続けるなら続ける、という意思表示を会社にしておいてくださいね…」と伝え、本人は「わかりました」といって電話を切った。

7. 仕切りなおし面接：立ち止まって支援を振り返る

　翌日、アキラはやってきた。会社には「辞める」ことを伝えたという。まずは頑張ったことをねぎらい、振り返り面接を行った。併せて、中卒後の職歴について把握した。特に、土木関係の仕事内容と、10 年前に転職した解体工事の内容に焦点を当てた。

　土木関係の仕事は、いたって単純な作業ばかりだった。重機の給油、機材の積み下ろし、コンパネの片づけ、親方や先輩の使いっぱしり。得意だったことは、皆が休憩する前にドラム缶の中に火を起こして待っていること。解体工事では、重機が崩すコンクリートに向かって水をかける作業。コンクリートが崩れるときに舞うほこりを防ぐためだ。親方から「お前がやると、ほこりが少なくて済む」と言って褒められたという。

　人当たりのよいアキラであったが、作業能力は低く、同時に 2 つ以上の仕事をこなすことは難しかった。特に、「臨機応変な対応」を求

第1章　個別支援

められる業務は難しい。ある程度パターン化された仕事と、自分が役に立っていることを教えてくれる存在が必要だった。山本は、「やっぱり…」と思った。

事例
2

8．処遇会議：最も身近にある社会資源

　山本は、この事例を事業所内で行われる「処遇会議」に図ることにした。処遇会議は支援員にとって、最も身近にある社会資源である。この会議を効果的に活用するために、価値観のすり合わせ作業を日常的に行っておくことが肝要だ。いわゆる「所内連携」である。会議では、これまでの経過、当面の見通し、その他の課題について話し合われた。

　山本は次のように説明した。「職歴を振り返ると、就労能力は間違いなくあります。しかし、軽度の知的障害があると推測されるので、パターン化された仕事か、曜日によってパターンが限定された仕事のほうがよいと思います。できれば、福祉関係の仕事に就ければ、本人の人柄が活かされるのではないかと思います」と。

　そこで、無料職業紹介所に求人登録した福祉施設を思い出した井上が、「あそこの施設であれば、仕事の『切り出し』や『組み立て』を提案できるかもしれないね。職業体験や支援付き就労の提案までできれば、双方にとってメリットがあるんじゃないかな。施設長に相談してみてはどうだろうか」と提案。

　相談支援員の安東からは「食料は大丈夫でしょうか？　前回フードバンクを利用してから時間も経っているし、仮に仕事が決まっても、給料が入るのは一月先ですから…」という課題提起があった。さらに「その施設の就職に当たって、採用時検診や当面の交通費でお金も必

67

第2部・事例編

要になりますよね。生活困窮者支援基金事業の活用も視野に入れては
どうでしょうか？」と前向きで具体的な議論がなされた。

こうして、①2回めのフードバンク依頼、②福祉施設への打診、③
採用時検診や交通費の手配が検討されることになった。

9. 企業への提案：職業体験

翌週、就労支援員の山本は福祉施設の責任者に会うことになった。
提案の目的、利用者の特徴、提案の効果等について熱心に聞き入って
いた施設長は、「いいでしょう。そういうことであれば『職業体験』
から始めましょう。ご提案いただいた仕事の組み合わせについても、
職業体験しながら微調整しましょう」と快く引き受けてくれた。翌週
から職業体験がスタートした。

その間に山本は、施設職員の動きと利用者の動きを朝から晩まで観
察し、業務の切り出しを行った。山本が切り出した仕事内容は、介護
補助。直接処遇は行わず、スタッフの裏方として掃除やサービスの準
備をすることが主な内容だ。施設側の担当者である直子の協力を得な
がら仕事を切り出し、「業務マニュアル」を完成させた。

完成した業務マニュアルには、曜日別・時間別に業務の内容が書か
れており、漢字にはふりがながふられていた。それを施設長に確認し
てもらうと、「よくできてますね！　これなら新人教育にも使えそう
だ」と言いながら、「職員も介護に専念できるので助かります」と快
諾を得た。また、直子の提案で、業務マニュアルをスタッフルームに
張り出し、アキラの動きを他のスタッフが把握できるようにした。

すべての段取りを整えた山本は、アキラとともに施設見学を行いな
がら、業務の説明を行った。「どうですか？　できそうですか？」と

尋ねる山本に、「これなら大丈夫だと思います。今度は頑張らなくちゃ！」とアキラは笑顔を見せる。

翌週、職業体験は予定通りスタートした。初日から3日間、山本は始業から就業まで本人に張りついて仕事をこなした。マニュアル通りに仕事を進めることが目的だ。直子も「何かあったら遠慮なく言ってくださいね」と協力的である。

3日めが終わった段階で、振り返りを行った。「初日と昨日は私と一緒にマニュアルを見ながら仕事をしました。そして今日は、一人で仕事をしていただきました。マニュアル通りに動けましたか？」という山本の問いに「自分では動けたと思います」と本人。「そうですね、頑張ったと思います」と山本。「明日からは朝と夕方のみ顔を出します。困ったときには、直子さんに申し出てください。大丈夫ですか？」という問いに、「直子さんも親切だし、話しかけやすいので大丈夫です」という答えが返ってきた。

こうして2週間が経過し職業体験は無事に終了した。施設長の評価も高く、採用が決定した。

10. 生活困窮者支援基金の申請

雇用は決定したものの、「次の問題」が出てきた。採用時検診と交通費の捻出である。本人の手持ち金では、完全に不足する。

井上は「よし！」といって立ち上がった。山本から逐一報告を受けていた井上は、生活困窮者支援基金事業の申請を行う段取りを整えていたのだ。あとは雇用証明書を添付して申請するのみになっていた。

申請は翌日に決済され、3日後に2万円が振り込まれた。この間、相談支援員の安東によって「最も安い医療機関」が調べられ、受診の

第2部・事例編

手配も完了。通勤に必要な定期券の購入も済ませた。併せて、3回めのフードバンクも申請。所内連携の甲斐あって、すべての手筈が整えられたように思われた。しかし、問題はここからだった。

11.　つなぎ資金の申請

　生活に必要な資金は、翌月の給料日までない。ここをどうするか。山本は市の社会福祉協議会に、生活福祉資金の相談に行った。雇用されれば収入の見込みが立つ。そうなれば、分割返済が可能になると考えたからだ。

　しかし、結果は「不可」だった。「時給×労働日数－社会保険料」を計算すると、最低生活基準が維持できなくなるため「償還計画が成り立たない」という理由だった。施設長からは、「仕事に慣れれば時間も日数も増える」と言われていたが、現時点ではそこまでの証明書は発行できない。「さて、どうするか…」山本は考え込んだ。

12.　生活保護申請

　事務所に戻った山本は、ことの経緯を井上に報告した。井上はまず、山本の労をねぎらった。山本には打つ手が浮かばず、「どうしましょう…、このままでは決まった仕事にも通えない…」と不安の色を浮かべる。

　しばらく考え込んでいた井上だが、「こういうときは高森さんに相談しよう」と受話器を上げた。「高森さん」とは、生活困窮者自立相談支援事業の主管課の担当者である。彼は、事業のスタート当初、関係するすべての通達を読み込み、関連する部署との連携スキームについてさまざまなパターンを想定していた。ソーシャルワーク業務にも

70

理解が深く、「現場の声」を何よりも大切にする行政マンである。井上はしばしば「俺たちの仕事の成果は、高森さん成果でもある」と口にするほど信頼している人物だ。

　井上は高森に、ことの経過と現状を説明した。そして「指導違反で保護廃止になっているので生保窓口のガードも固く、申請を受け付けてくれる気配もありません。でも、今回は登録事業所の協力も得ていますし、支援には自信があります。支援付き就労をセットして、定着までもっていけると思うんです！」と熱意を込めて伝えた。

　高森は「そこまでしていただいて、本当にありがとうございます。こういうときこそ、行政側はしっかりと対応すべきですね。指導違反があろうとなかろうと、現状についてきちんと評価して対応すべきだと私も思います。ここは一つ、私に任せていただけますか」という答えに、井上はほっとした。

　電話を切った1時間後、高森から回答があった。「窓口で生活保護の申請をしてください。井上さんたちの支援の成果も含めて支援会議にはかってもらうことになりました」とのことだった。

　本人の収入は生活保護基準にわずかに届かない程度。そのため、生活保護受給になっても月々の保護費はわずかなものである。とはいえ、現時点では生活保護が必要だ。本人が仕事に慣れ、労働時間や日数が増えれば生活保護は離脱できる。一連の状況をみていた就労支援員の山本は、「私が責任をもって生活保護を離脱させます！」と断言した。

13. 生活保護申請→離脱

　こうして無事に生活保護の申請を済ませたアキラは、その足で社会

第2部・事例編

福祉協議会のつなぎ資金の申請に行った。この一連の作業には山本が同行した。何枚もの書類に名前と住所を書き込む。本人は1枚1枚、ゆっくりと、丁寧に、書き込んでいった。山本は、そのペン先を見つめながら、「必ず成功させる！」と誓った。すべての書類の記入が終わると、「はい、ご苦労様でした。申請はすべて終了です」と社会福祉協議会の担当者がほほ笑んだ。これで、初回給料までの生活費を確保することができた。

雇用開始の前日、アキラと山本と井上は、これまでの経過について振り返った。井上が「みんなで頑張ってここまで来ましたね。生活費も確保できたし、当面の食料も何とかなりそうです。仕事は続けられそうですか？」と尋ねた。「はい、いろいろ世話になって本当にありがとうございました。山本さんや直子さんがいてくれるので、安心です」とアキラの顔から笑みがこぼれた。

支援付き就労は順調に進んだ。生活保護も開始され、不足する生活費が保証されることになった。アキラと山本と施設長は定期的に振り返りを行った。3か月後、直子によると「今では利用者の方から声をかけてもらえるようになった」らしく、「仕事内容も私たちより丁寧で、とても助かっています」という評価だ。これにより、業務内容が追加され、併せて業務時間と日数が増えることになった。

8か月後、労働収入の増加により生活保護停止→離脱。アキラは現在も元気に職場に通っている。直子の話によると「施設利用者から『アキちゃん』と呼ばれるようになったんです」と可愛がられている様子である。本来の持ち味である「人懐っこさ」が施設に溶け込み、今では「この施設になくてはならない人になりました」と直子はほほ笑んだ。

第1章 個別支援

連携相関図 事例2（支援の経過 1.〜7.）

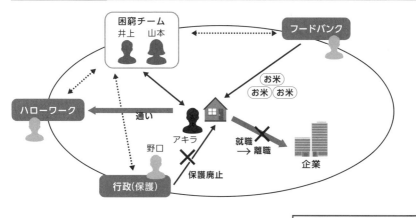

連携相関図 事例2（支援の経過 8.〜13.）

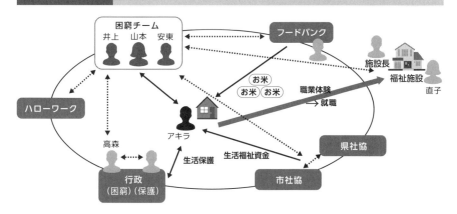

主な関係者

西条アキラ（困窮当事者）……生活保護を受けていたが、指導違反で廃止に。山本らの支援を受け、2度の就職を果たすも、当面の生活費が心

第2部・事例編

配。

野口（生活保護担当課）……市役所職員。保護廃止の決まったアキラに、困窮チームを紹介する。

井上（主任相談支援員）……就労支援員の山本とともに、アキラを継続的に支援。長年の仕事で築いた人脈を活かし、悩める山本をフォローする。

山本（就労支援員）……アキラの2度の就職を支援。再就職先とも連携。本人との二人三脚で就労定着と保護離脱を図る。

安東（相談支援員）……井上や山本と同じ相談支援機関に勤める。

ハローワーク職員……アキラには、過去にも何度か仕事を紹介。「やればできるのにやろうとしない」「約束を破る」など、アキラに対する評価は厳しい。

フードバンク職員……井上からの要請を受け、アキラにお米を届ける。応援メッセージを添える気配りもみせる。

施設長……地元の福祉施設で施設長を務める。アキラの職業体験（後に就職）を快く受け入れ、採用につなげる。

直子（福祉施設職員）……地元の福祉施設（アキラの就職先）に勤務。仕事に不慣れなアキラにとって、心の支えとなっている。

高森（生活困窮担当課）……「現場の声」を大切にする行政マン。井上からの信頼も厚い。

用語解説

【職業マッチング】

技能、興味、能力、その他の特性を適切な職業に関係づけていくことをいい、職業紹介の過程で重要な視点となります。それまでの職業経験が十分ではなく、自分の能力がわからなかったり、何に興味があるのかの自覚が十分でなかったりと、職業観が定まっていない相談者も多くいますが、こうした場合には、職業レディネス・テスト（VRT）、キャリア・インサイト、VIP職業興味検査、GATBなどの各種ツールを活用してみるのもよいでしょう。

【生活福祉資金】

低所得者世帯、障害者世帯、高齢者世帯を対象とする公的貸付制度で、資金の使途に応じて、総合支援資金、福祉資金、教育支援資金、不動産担保型生活資金に区分されます。実施主体は都道府県社会福祉協議会、問い合わせ先は市町村社会福祉協議会です。資金を借りるためには、原則として保証人が必要ですが、例えば、緊急小口資金の場合は、保証人を立てなくとも借りることができます。なお、「緊急小口資金」とは、前述の福祉資金の一種で、緊急かつ一時的に生計の維持が困難となった場合に貸し付けられる少額の費用（限度額10万円、無利子）をいいます。

【無料職業紹介】

無料職業紹介所といえば、国の機関である公共職業安定所（通称「ハローワーク」）がおなじみですが、地方自治体における無料の職業紹介事業（いわゆる「地方版ハローワーク」）も推進されています。特に、平成28年の地域の自主性及び自立性を高め

第 2 部・**事例編**

るための改革の推進を図るための関係法律の整備に関する法律（第 6 次地方分権一括法）により、これまで地方自治体に課されていた事業開始の国への届出義務が廃止され、地方自治体が民間とは明確に異なる公的な立場で無料職業紹介を実施するための法的整備が行われました。また、ハローワークが行う無料職業紹介業務と、地方自治体が行う業務（福祉等）を、ワンストップで一体的に実施する連携事業も展開されています（平成 29 年 3 月 31 日時点で、163 自治体）。

第1章　個別支援

事例 3	介護離職の経験を再就職に活かした50歳代男性の支援 ―本人の職場定着を見届けて逝った母―

それは、地域包括支援センターの小柳からの電話だった。

80歳代の母親と二人暮らしの50歳代の男性。5年前に母親の認知症がひどくなり、介護離職を決断。以降、母親の年金のみで生活を維持してきた。2週間前、母親が脳出血を発症して入院。退院後、自宅に戻れる可能性が薄く、施設入所の方向性を検討している。その場合、母親の年金は施設入所費用に当てられるため、息子が「これを機に、就職活動を開始したい」と言っている、「相談に乗ってもらえないか」という内容だった。

1．家庭訪問

小柳の電話を受けた2日後、主任相談支援員の井上は家庭訪問を設定し、就労支援員の山本を同行させることにした。「まずは現場に出向く。そして、五感を通してアセスメント…」というのが井上の信念である。本人がどんな介護をしていたのか、生活の場に行けば人柄も含めて見えるものがある。

住まいは2DKの戸建ての借家。玄関先に車を停めながら、「5年前から、この場所で…」と井上はつぶやいた。室内は整理整頓され、すっきりしている。掃除もほどほどに行き届き、生活感が漂っていた。

玄関を入り、山本たちは名刺を渡した。長男は笠松タケ男（53歳）、入院した母親は笠松ハルエ（87歳）。受け取った名刺をもった

第2部・事例編

まま、「5年もブランクがあると、なかなかその気(就職する気)になれなくてね。でも、お袋が病気になって施設に入る話を聞くと、これも節目だな…と思いましてね」とタケ男がいった。

「お母さんの容態はいかがですか?」と山本が尋ねる。「あまりよくないみたいです。麻痺もひどいので、家に戻ってきても不自由するだけ。本当は最期までこの家でみてやりたかったけど、なかなか思うように行きませんね」と寂しそうに話す。地域包括支援センターの小柳が、「毎日、面会に行ってるんですよ。本当に感心します」と言うと、「俺の自己満足ですけどね。お袋はもう、俺の顔も名前もわからないみたいだし…」とつぶやいた。

初回訪問では、顔合わせと事業説明。そして、これから提供する支援の具体的な流れを説明した。「わかりました。あまり器用ではないですけど、どうぞよろしくお願いします」というタケ男に、「大丈夫ですよ。私たちが応援しますので、一緒に頑張りましょう」と山本は励ましの言葉を添えた。

帰路、車を運転する井上は、「認知症って切ないなあ…。息子の顔も名前もわからなくなってしまう。一緒に生活しているのに『どちら様ですか?』なんて言われたら、ショックだよなあ…」と、自分の経験を重ね合わせた。

2. タケ男の強味

翌日、就労支援員の山本はタケ男を訪ねた。職歴や目標とする収入を確認することが目的だ。そして何より「支援員は何をする人か…」を理解していただく必要がある。言葉で説明するより、実際の動きを見てもらうほうが伝わるからだ。

78

第1章　個別支援

借金や税金等の滞納はなし。携帯電話や光熱水費も滞りなく払われていた。「元々はサラリーマンなので、手に職があるわけでもない。手取りで15万あれば御の字かな。毎月食べていけて、わずかでも貯金できればありがたい…」とタケ男。

山本は、うなずきながら付け加えた。「今、とても大切なことに気がつきました。5年間、お母様の介護をしてきましたよね！　それって、すごいことだと思うんです。親子ですから、腹の立つことだってあったでしょうし、もう嫌だと思ったこともあったんじゃないかなって…。それを5年間も続けて、それってすごいことだと思うんです！」と。「息子ですから当たり前ですよ」というタケ男だが、照れ笑いの瞳の奥に自信が輝いていた。「だったらそれを、就職の武器にしましょう！」という提案に、タケ男はきょとんとして、山本の顔を見つめた。

「お母さんの面会に行くと、ハローワークに行く時間も限られるでしょうから、初回は私が求人票を見つくろってきます。それを読み込みながら仕事のイメージをつくっていきましょう」と提案する山本。

ここまでの動きとこれからの動きは、山本から小柳へ伝えられていた。タイムリーな情報交換にはリアリティーがある。連携に不可欠の要素だ。こちらが情報を発信すれば、相手も情報を送り出してくれる。こうして、山本と小柳の間で情報が動き出した。

3. 求人票ピックアップ

山本はハローワークに出かけ、いつものように、「26番」の求人端末の前に座った。「おっ、今日もご出勤ですね。ご苦労様です」と声をかけてきたのは、ハローワーク統括官の美山だ。何やら相談したい

第2部・事例編

ことがあるようだが、「今日は急ぎの案件があるので、すみません…」
と言葉を返した。

　タケ男は車の免許を持っていない。移動手段は自転車か公共交通機
関。移動時間を30〜40分とすると、通勤圏は必然的に決まった。タ
ケ男の希望（手取りで15万円）をキーワードに加えて検索。ヒット
した求人票は487件。山本は、タケ男が働く姿をイメージしながら、
すべての求人票に目を通した。山本のイメージを動かした求人は3
社。「これだけか…」と思いつつ、「介護・無資格」の条件を加えて検
索した。すると4社がヒットした。「まずはこの7件をタケ男さんに
届けよう」と決めた。

4. 現実は厳しかった…

　数日後、山本は求人票をタケ男に提示した。時間をかけて目を通し
たタケ男は「やっぱり厳しいですね…」と口にした。しばらく考え込
んだあと、「とりあえず、こっちの3社に応募してみます。受けなが
ら、就職活動の感覚を取り戻せるだろうから、まずは動いてみます」
と。

　ハローワークの調整により、3社の採用面接は1週間以内に行われ
た。しかし、結果はすべて、不合格だった。「質問に答えられないん
です。悔しいですね…」とタケ男。「5年のブランクがあるわけです
から、焦らずにいきましょう」と励ます山本。母親の病状を気にしな
がら面接を受けに行ったであろうことは、容易に想像できた。

　「山本さんが選んできた福祉の求人、もう一度見せてもらえません
か」とタケ男が言い出した。山本は「これですか？」とファイルを取
り出す。「どうしてこの仕事を選んだんですか？」とタケ男が尋ねた。

80

第1章　個別支援

「5年の介護経験、私にはとても貴重なものに感じたんです。資格が
なくても心がある。そういう人であれば、この領域の仕事も大丈夫だ
ろうと思って」と。それは、この仕事を選んだ山本自身が感じている
ことでもあった。

事例
3

5．母親の容態が急変

　地域包括支援センターの小柳から「お母さんの病状が悪化した…」
と電話が入ったのは翌日のことだった。入院中に脳出血を再発し、危
篤状態だという。「今日、明日が山だそうです」と小柳。続けざまに、
タケ男から連絡があった。「いよいよかなぁ…」と不安げだ。「とにか
く今は、お母さんのそばにいてあげてください。就活は後からでもで
きますから」と山本は母親の容態に合わせて、支援のピッチを調整す
ることにした。

　1週間後、タケ男から電話が入った。「お袋は何とか持ち直してく
れました。でも、麻痺がひどくなって、自宅には戻れそうにありませ
ん」という。この間、タケ男は病院に寝泊まりし、自宅には戻ってい
ないようだ。「そうでしたか…。山を越えただけでも一安心です。お
二人ともよく頑張りましたね。今日はご自宅のお布団で、ゆっくり休
んでください」と山本はねぎらった。

6．母親の転院

　小柳の話では、病状が安定すれば退院の話が出てくるだろう…とい
うことだった。「施設ではなく、病院を探すことになると思います。
転院先は限定されますが、母親の年金でやり繰りできる医療機関を探
してみます」と言う。話しぶりでは、すでに頭のなかに候補があるよ

81

第2部・事例編

うだ。

しばらくしてタケ男から同じ内容の電話が入った。「これで本腰を据えて就職先を探すことができそうです。よろしくお願いします」と言葉に力がこもっていた。「5年の介護経験、活かしましょう！」と言う山本に、「少しは自信をもってもいいんですかね…」とタケ男。「もちろんです！」と山本は背中を押した。

転院先の選定は小柳のハンドリングで進められた。タケ男は病院見学の合間に転院の荷造りを進めた。「これなら年金でやりくりできる」という病院は、その後すぐに決まった。

「無事に転院を済ませました」とタケ男から連絡が入ったのは、6日後だった。「病気が落ち着いたら、たまにはこの家に外泊させてやるかな。そのときまでに、少しは介護の腕を上げておかないと…」と晴れやかな声だった。

7．求職活動再開

3日後、山本はタケ男と面談を設定した。「これ、この間の求人票です」とファイルを差し出した。この間、山本はハローワークで「介護職、無資格可」の求人を検索。2社追加されていた。本人が選んだ求人は2つ。いずれも認知症のグループホームである。「施設見学可」と書かれていたため、山本は「一緒に見にいきましょう」と見学を提案した。

施設長の案内は丁寧だった。「地域の人たちに、どんどん施設に遊びにきてほしいと思っているんです。施設って閉鎖的なイメージですからね。それを取っ払えないかな…と思って」という説明をタケ男は熱心に聴いていた。

82

第 1 章　個別支援

見学を終えた山本は、「どうでした？」とタケ男に尋ねた。「3 年前のお袋の状態と同じような人たちばかりでした。たぶん、あの仕事なら俺にもできるような気がします…」と。施設長の話にも納得できたようで、「あそこ、受けてみます！」と言い出した。「ほかの施設、まだ見てないですけど、いいんですか？」という山本に、「ご縁って信じます？　さっき施設長さんの話を聞いていて、それを感じたんですよ」とタケ男。不思議なことに、その後とんとんと話が進み、採用が決まった。

事例
3

8．初回給与までのつなぎ

雇用の開始は 1 週間後。そう決まったものの、初回給与までの生活費は底を尽きかけていた。今や母親の年金はなく、預貯金があるわけでもない。あるのは 5 kgの米とインスタントラーメン。「料理はできるので、食材があれば何とかなるんだけど…」と言うタケ男の状況を、地域包括支援センターの小柳が地域ケア会議の場で情報提供した。

ちょうどそこに、その地区を担当する民生委員の北島がいた。「困った人を見るとね、何とかしてやりたいと思うのよね…」という面倒見のよさが好評の人物である。縦割行政に、浪花節で食ってかかるタイプだ。行政の役職者には煙たがられたが、福祉関係者には人気があった。小柳もファンの一人である。

「あのお宅なら知ってるよ。いつだったか、夜中に高齢者の徘徊騒ぎがあってね。確かあの家だったと思うなあ…。一人息子がいたんじゃないかねえ。母親の介護のために会社を辞めたって聞いてたけど。ときどき、母親の手を引いて散歩する姿を見かけたことがあった

83

なあ。本当によく面倒みてたね…」と当時を思い出す。「仕事が決まったって！　そりゃよかった。食うに困るなら、近所の衆で何とかしてやるよ。どうせ周りは農家ばかりだ、野菜なら腐るほどあるわさ。俺が話しつけてやるから、2、3日待ってな！」と北島は大きな声で笑った。

　この話は、小柳からタケ男と山本に伝えられた。「今の時代に、そんな地域があるんですね」と山本は心が温かくなった。「今回は、あえて甘えることにしました。会議の席でも『それはやり過ぎだろう！』という声もあったけど、地区の会長さんが『北さんがそういうなら、みんなで応援してやろうじゃないか！』と言ってくれたんです…」と小柳は喜んでいる。

　その話を、タケ男は神妙な面持ちで聞いている。「まずかったですか？」と小柳が尋ねると、「あの爺さんが、そんなこと言ったんですか…」と黙り込んだ。しばらく考え込んだタケ男は、「わかりました。その気持ち、ありがたく受け取ります」と答えた。

9. 雇用開始

　翌日、山本は就職の打合せのためにタケ男を訪ねた。就労支援については、初日から「ベタ付き」する山本だが、今回は後方支援に徹する計画を立てた。施設長と山本との信頼関係があっての計画だ。タケ男は「わかりました。とにかくやってみます」と気持ちを固めた。

　そのとき、2軒隣に住むハルヨが数種類の野菜をカートに入れて運んできた。「これで足りるかい？　しっかり食べて、元気つけてな。来週また持ってくるから、仕事頑張って」と笑う。「すみません、ありがとうございます」と礼を述べると、「ハルちゃんには私も世話に

なったから、これでご恩返しができるならありがたいこった」と言って帰っていった。ハルちゃんとは、母親のニックネームだ。ハルエ（母親）とハルヨ（近隣）は幼馴染。名前が似ていたので姉妹のように仲がよく、70年来の付き合いらしい。「そんな関係が今でもあるのか…」と山本はうらやましく感じた。

事例 **3**

　後方支援に回る山本は、事前に施設長から仕事内容を聞き取り、マニュアルを完成させていた。「仕事の切り出し」と「組み立て」に定評がある山本ならではの仕事ぶりだ。「観ているだけで、自分が動くイメージがわきますね」とタケ男。「相変わらずお見事ですね！」と施設長。「私が新人の頃、上司から厳しく仕込まれたんです」と山本は笑った。

　いよいよ初日。「これから出勤します」とタケ男から電話が入る。「了解しました。一日頑張って、行ってらっしゃい！」という声に送り出されて、タケ男は職場に向かった。

　夕方の5時。タケ男から「終わりました！」という連絡が入った。「お疲れ様でした！　初日はいかがでした？」と山本。初日なのでかなり緊張したようだが、マニュアルに書かれた仕事は滞りなく終えたようだ。むしろ時間が余ってしまい、利用者とおしゃべりしていたという。「みんな親切で、やり甲斐があります」というタケ男。「それはよかったです。明日も頑張れそうですか？」と訪ねる山本に、「大丈夫です」とタケ男は応えた。

　タケ男が帰宅すると、玄関先に野菜が届けられていた。野菜の下に小さな紙切れがある。そこには、「元気つけて、仕事頑張ってな…。ハルヨ」と記されていた。

第2部・事例編

10. 職場定着支援

　就職してから3か月が過ぎた頃、施設長、タケ男、山本が顔を合わせて「振り返り面接」を行った。「いかがですか？」と尋ねる山本に、「慣れるのが早くて助かってます」と施設長。「あのとき、お袋にこうしてやればよかった…と思うことを、今している。そんな感じですね…」とタケ男。「その気持ち大事です。利用者は自分の身内と同じ、…という気持ちがなければ、この仕事は務まりません」と施設長。

　ほかのスタッフの評価も高く、「もっといろいろやってほしい」という声があがっているようだ。そんな状況を知った施設長から、「夜勤をやってみないか？」と提案された。夜勤をやれば収入も増える。タケ男にとってはありがたい話だった。「ぜひやらせてください」と二つ返事で決まった。

11. 母の死

　数日後、ハルエは転院先の病院で三度めの脳出血を起こした。今回は脳幹部の出血で危険な状態だという。タケ男が仕事に慣れてきた矢先の出来事だった。タケ男は動揺を隠せず、施設長に相談した。「お袋さんのそばにいてやれ」と言われて、病院に向かうところだという。

　タケ男の電話を受けた山本は、「わかりました。今はお母さんを優先しましょう」と伝えた。その数分後、小柳からも連絡が入った。「私も今、病院に向かっています。病状を確認したら改めて連絡します」ということだった。

　タケ男と小柳が病院に到着して約1時間後、ハルエは静かに息を引き取った。西の空が紫色に変わろうとする時刻だ。ハルエは自宅に戻らず、葬祭業社に安置されることになった。その準備ができるまで、

86

小柳とタケ男は待合室で待つことになった。

　この間、タケ男は施設長に経過を報告した。「そうか、大変だったな。最期に立ち会えてお袋さんも喜んでると思うぞ」と施設長はタケ男をねぎらった。一方の小柳は、北島に連絡した。「わかった。ハルヨさんには俺から伝えておこう。で、告別式の日どりは？」と。「まだ決まってません。家族葬でやるそうです…」と小柳。「そんなの知ってるさ。ほかに身内がいるわけないし、俺とハルさんだけでも出てやらねぇと…」と北島は言った。

　小柳は続いて山本に連絡を入れた。「そうでしたか…。お母さん、息子さんの就職を見届けてから逝ったんですね…」とつぶやいた。

連携相関図　事例3（支援の経過1.～7.）

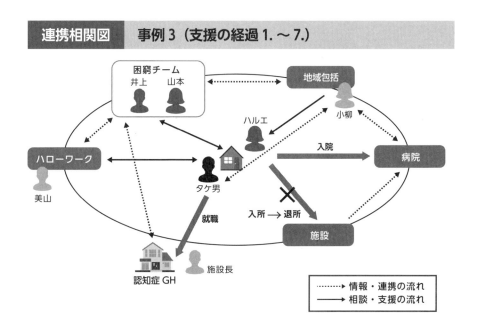

連携相関図　事例3（支援の経過 8.〜11.）

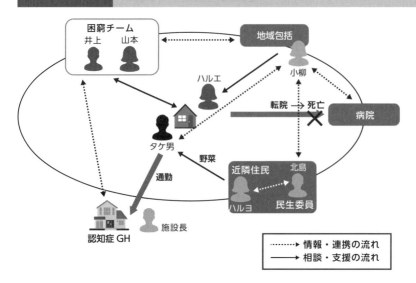

主な関係者

笠松タケ男（困窮当事者）……認知症の母親の介護のために一度は離職したが、母親の施設入所を機に再就職を決意。地元のグループホームに採用が決まった。

笠松ハルエ（困窮当事者・母）……87歳。脳出血を発症し、施設入所をしていたが、病状が悪化し病院へと移る。

小柳（地域包括支援センター）……ハルエの転院先を探す一方で、息子のタケ男の生活にも気を配っている。民生委員の北島とも連携。

井上（主任相談支援員）……就労支援員の山本とともにタケ男を支援。

山本（就労支援員）……タケ男の就職を支援。5年間のタケ男の介護歴に目をつけ、グループホームへの就職へとつなげる。

北島（民生委員）……浪花節の民生委員。周りからは「北さん」と呼ばれ、慕われている。

第1章　個別支援

施設長（認知症グループホーム）……地域に開かれたグループホームをめ
　ざす施設長。

ハルヨ（近隣住民）……ハルエとは幼なじみ。恩返しのつもりで、タケ男
　に野菜を差し入れる。

事例
3

89

第2部・事例編

事例 4

更生をめざす若者への社会復帰支援
―個と個のつながりが広げる支援―

　ゴールデンウィークが近づいたある日、地方検察庁の検事より電話があった。27歳の男性。窃盗で逮捕され、間もなく拘留期間が切れる。「更生の道があるなら社会復帰の方向性を検討したい」とのことだった。

　早速、主任相談支援員の井上は就労支援員の山本を伴って検察庁を訪れた。最初に対応してくれたのは社会福祉アドバイザー。田中達也君に人格的な問題や障害はありません。根は真面目な性格ですが、幼少から社会生活経験が乏しく職業選択に未熟な面があります。本人は「どんな仕事でもやる！」と言うが現実検討は薄い。単独で行う仕事よりも、ラインの仕事や誰かと組んで行う仕事のほうがよいと思います、とのことだった。

1. 検事と面談

　井上たちは、地方検察庁の7階にある検事室に通された。「急な話で申し訳ない…。私たちもこういうケースは初めてなので、どのようにお願いすればよいかわからなくて。わざわざご足労いただきありがとうございます」と、検事は達也の生活歴も含めて事件の経過を丁寧に説明してくれた。

　達也の両親は、本人が小学校のときに他界。身寄りもなく児童養護施設に預けられた。中学を卒業してから近所の工場に住み込みで働いたが、給料が安いといって退職。その後、中古自動車の営業、木材加

工の工場、庭師などの職に就いたが、2、3年周期で退職。いよいよお金に困った本人は、スーパーに停めてあった自転車を盗み、それを売って生活費にあてたという。「起訴する方向も考えられますが、本人はまだ若いし、更生の機会が与えられるなら与えてやりたい。実は今日、本人が検察庁に来ているので、会ってもらえませんか？」との話だった。

2. 手錠につながれた達也

検事室で待っていると、3人の警官に同伴されて本人がやってきた。かけられた手錠から延びるロープは背中に回され、その先端を警官が握っている。達也が検事のデスク前に立った瞬間、「起立、礼、着席」という号令とともに、室内は静まり返った。本人、検事、秘書官、社会福祉アドバイザー、警官3名、井上と山本、計9名。そこで話されたことは、すべて秘書官によって速記される。

検事により困窮チームが紹介された。達也には事前に井上たちの話をしてあったようだが、改めてこう伝えられた。「ここにいる人たち（井上と山本）は、困っている人たちの社会復帰を支援してくれる方です。君の心のなかに更生の意思があるのならば、今ここで、この方たちにお願いをしようと思います」という検事の言葉に、「どんな仕事でも頑張ります。お願いします」と達也は即答した。

3. 意思確認

検事が井上たちのほうに向きを変え、「お願いできますか？」と尋ねる。それを受けて井上は達也に尋ねた。「達也君は今、『どんな仕事でもする…』と言ったね。意気込みとしては、とても大事なことだと

第2部・事例編

思います。でも、具体的に「こんな仕事」とか「こうなりたい」というものがないと、仕事を続けるのは難しいような気もします。今までの仕事はどうでした？」と。「車の営業をやっていたときは、毎日洗車して、お客さんの対応をして、車を買ってもらって、お客さんに喜んでもらいました。とても楽しかったです」と達也。「そうですね。少しくらい苦しくても、頑張って仕事して、相手に喜んでもらえる。とてもやり甲斐を感じますね。工場や庭師の仕事をしていたと聞きましたが、そのときはどうでした？」と井上。「あのときは、正直言ってきつかったです。毎日疲れて、早く辞めたいと思ってました」と達也。

井上は「客観的に観て、達也君はどんな仕事に向いていると思いますか？」と社会福祉アドバイザーに尋ねた。「そうですね…、確か車の営業をしていたときには、所長とウマがあっていたと思うんです。頑張っているところを褒めてもらったり、仕事の仕方を教えてもらったり…。ですから、そういう人がそばにいてくれるような職場がよいと思います」と。「今の話を聞いて、達也君はどう思います？」と井上はもう一度、達也に尋ねた。「そうですね、確かに車の営業をしているときが一番楽しかったかなあ…」と達也。

井上は、「…であるならば、そういう職場を探しませんか。車の営業になるかどうか、今の段階でははっきりできないけど、達也君の仕事をちゃんと見ていてくれて、褒めてくれて、教えてくれる人がいる職場を探す…というのはどうでしょう？　そのうえで、どんな仕事でも…というのはありかもしれませんね」と提案した。当時のことを思い出したのか、「はい、よろしくお願いします」と達也は幼い顔ではほ笑んだ。

初回面談を終えた井上は、何とも複雑な心境で検察庁を後にした。達也の声が井上の心に響いてこなかったからだ。山本も同じ印象だった。

4. 求人票ピックアップ

山本は、いつものようにハローワークの26番端末の前にいた。達也の生い立ちや職歴、検察庁で会った印象をもとに検索を開始した。しかし、達也には住居がない。住み込みか寮を条件に含めると、ヒットする求人は見つからない。これではらちが明かないと思った山本は、30分で端末の前を離れた。

向かった先は統括官の近藤の席。事情を説明し、情報提供を求めた。公開されていない求人がないか確認するためだ。それを聞いた近藤はニヤリとしながら「さすが山本さん、勘が鋭いですね」とファイルを開いた。「実は1週間前に来たものですが、なかなか対象者がいなくて困っていたところです」という。すぐに問い合わせを入れてもらった。しかし、先方は「検察庁」という言葉に反応してしまい、機会を逃す結果となった。

5. 恩を客に返す

その晩、井上は行きつけの居酒屋にいた。カウンター席に座る。井上の真ん前に、大将のヒデがいる。相変わらず言葉は少ない。包丁さばき、調理場内の動き、一品仕上げたあとのたたずまい。その所作に、井上はいつも感心した。客に対する礼節であることはいうまでもない。しかし、ピリッとした緊張感は「おもてなし」とは一味違う。

井上はこんなことを尋ねたことがある。「大将の所作は、どうして

第2部・事例編

そんなに美しいんですかね…」と。ヒデは照れながらこう言った。「私が若い頃に修行した板場はとっても厳しくてね。そこの親方がいつ来ても恥ずかしくないように、毎日心がけているんです」と。「なるほど…」と井上はうなった。「…で、その親方は、しょっちゅう来るんですか」と尋ねると、「一度だけ来ました」とヒデ。大将の店は開店して15年。親方が来たのはオープンの日だけだという。「私も若い頃にはやんちゃでしてね。親方はそれを承知で受け入れてくれたんです。オープンの日に『恩はお客さんに返せ』って言われましてね…」と。

親方とヒデ、その関係が今もこうして続いている。板前に限らず、職人の世界は厳しい。けれど、やんちゃな小僧を受け入れて、独立するまでに育て上げるという職人の世界に、「人材育成システムが定着している…」と、改めて井上は感じ入った。

6. やる気さえあれば

そんな話をしているとカツが店に入ってきた。大将と軽く挨拶をかわし、カウンターの隅に座る。いつもの定位置だ。酒は飲めないが、決まって大将の料理を食べにくる。しかし今日は、事情が違うようだ。

「うちの現場、人手が足りなくてね。誰か職を探してる奴はいないかね？」と情報収集にやってきたようだ。カツはペンキ屋の親方。大将と同じように、若い頃は相当なやんちゃをしたようだが、親方に拾われて手に職をつけ、仕事を分けてもらいながら独立に至った。「どんな仕事でもいいんだよ。きちんと仕事をしていれば必ず評価される。それで独り立ちできれば、親方に恩返しできたってことじゃない

か」と胸を張る。「できればやんちゃな奴がいいなあ…」という言葉に反応した山本は、「わけありでもいいですか？」と突っ込んだ。「大歓迎だね！」とカツは即答。「まさに、うってつけの職場環境だ！」と井上も驚いた。

7．採用面接

後日、井上はカツに事情を説明した。27歳の男性。小学校のときに両親が他界。身寄りなく児童養護施設で育ち、中学校卒業後は工場、中古自動車の営業、木材加工、庭師などを転々とした。お金に困って自転車を盗み、窃盗で捕まる。地方検察庁は、まだ若いし、更生の機会が与えられるなら与えてやりたいと言っている。「…そんな男を雇ってもらえないだろうか」と。「ショボイことで捕まる奴だね！　本人に"やる気"があるなら会ってみてもいいよ」とカツは答えた。井上たちは検察庁と相談して、達也とカツが会えるように段取りを整えることにした。

達也が拘留されている警察署の接見室。分厚いガラスの手前には、山本、カツ、井上が座っている。「この場面、テレビで見る場面ですよね…」と山本。「俺は向こう側にも、こちら側にも、座ったことがありますよ」とカツが笑う。間もなく、手錠をはめられた達也が警察官に付き添われてやってきた。カツの真正面に座った達也はコクリと頭を下げた。「先日話した親方のカツさんです。今日は君に会いに来てくれました。君にやる気があるのなら、この場で親方にお願いしてみてください」とカツを紹介した。「どんな仕事でも頑張りますので、やらせてください。お願いします」と達也は言った。「本当にやる気があるのか？」とカツの太い声が接見室に響いた。達也は一瞬ひるん

第2部・**事例編**

だものの、「大丈夫です。やる気はあります！」とカツの目を見て答えた。カツは黙ったまま、達也の視線を押し返す。ピリッとした時間が過ぎた後、カツはこう言った。「わかった。仕事と住まいは、俺が用意して待ってる。ここから出たら真っ直ぐ俺のところに来ればいい。本当にやる気があるなら、俺がちゃんと応援してやる。汗流して、しっかり働いて、堂々と生きていかなきゃダメだぞ。自転車泥棒なんてショボイことすんな…」と、弟を諭すような口調で伝えた。

達也との面会は10分程度だった。接見室を出た直後、山本はカツに「大丈夫ですかね…」と尋ねた。「何でもそうですけど、やってみなけりゃわかりませんよ。本当にやる気があるなら、俺が手伝わせてもらいます。人を見る目があるかないか、自分が責任をもちますから…」とカツは笑った。こうして、達也の「採用面接」が終了した。

8. 釈放→就職

達也の採用が決まった。その旨は井上によって検事に伝えられた。「そうですか、更生の機会が与えられたのであれば、本当にありがたいことです」と検事は井上たちの労をねぎらい、釈放日時や今後の段取り等について説明し、「本人には、私から直接伝えておきます」と検事が言った。

釈放の日、井上と山本は達也を迎えに行った。「おめでとう」と言う山本に、「先日はありがとうございました」とコクリと頭を下げた。私服に着替えた腕には、もう手錠はかかっていない。「検事さんから聞いていると思うけど、これからカツさんの会社に向かいます。着替えや布団などは準備してくれることになっているので、安心してカツさんを頼って、頑張って働いてくださいね。もし困ったことがあった

第1章　個別支援

ら、私たちも相談に乗るので遠慮なく連絡をください」と言う山本に、「わかりました。ありがとうございます」と達也は応えた。

　カツの会社に着くと、社員たち数人がバーベキューの準備をしている。「仕事は休みですか？」と尋ねる井上に、「今日は達也の歓迎会をかねて、バーベキューすることにしました」とカツは笑う。井上と山本と達也は、「？？？」と顔を見合わせた。

事例
4

9．親方にしてもらったこと

　カツは達也を事務所に呼び、こんな話を始めた。「今日のバーベキューは、若い衆の意見でやることになった。ほかの連中もお前と同じように、こうして迎えてもらった。お前も一人前に仕事ができるようになったら、新しい仲間を迎えてほしい」と。「人様に認められるような仕事ができる、まずはそれをめざそう。時間はかかるかもしれないが、頑張って続けていれば、必ず評価される。コツコツ続けていれば、誰だって、それなりに上達するんだよ。だから焦っちゃダメだぞ…」とカツは達也に伝えた。

　実は、15年前のカツがそうだった。あのときの親方は、カツがしでかした事件に触れることなく、すべてを受け入れてくれた。「今の俺は、親方に恩返しをしているのかもしれませんね…」とカツはつぶやいた。

10．達也の指導者

　ゴールデンウィークが明け、仕事モードに切り替えた山本はカツを訪ねた。公民館の外壁塗装の現場。しっかりと足場が組まれ、ペンキの匂いが漂っている。建物を見上げると、階上で何人かの職人が黙々

97

第 2 部・事例編

と仕事をしている。

　地上でハケやローラーの手入れをしている人影に近づくと、頭にタオルを巻きつけた作業着姿の達也がいた。山本に気づいた達也は「っちわッス！」と照れながらペコリと頭を下げた。「格好いいじゃない！　まるで職人さんみたい！」と言う山本に、「まだまだ駆け出しで…」と達也。その姿は現場に溶け込み、サマになっていた。2 人が話しているとカツがやってきた。「達也君はどうですか？」と言う山本に、「出だしは順調だね。まだまだ塗装は任せられないけど、こいつは根が真面目なので一生懸命だ。一途に仕事に向き合う姿勢がいいね」とカツ。達也はニコニコしながら聞いている。

　「こいつの指導は、2 つ先輩の幹也に任せたんだ…」と言いながら、親方は幹也を呼んだ。仕事中の幹也は、機敏な動作で足場を降りてきた。「幹也も随分やんちゃだったんだけど、今では俺の右腕だ。達也の面倒もこいつに任せとけば安心だよ」と親方。幹也は、頭に巻いたタオルを外して「どうも…」と挨拶した。幹也の澄んだ目を見た山本は「これなら安心できる…」と感じた。

11. 職場定着支援：ナチュラルサポート

　就労支援員の仕事は、就職先の開拓だけではない。職場に定着すること、職場のなかに本人のサポーター（ナチュラルサポート）をつくることにある。本人に対する技術指導は現場に任せ、職場内の人的環境を確認し、場合によっては整える。それが就労支援の肝となる。親方の言葉、本人の顔つき、職場の雰囲気…、就労支援員はそれらを全身で体感しながら定着具合を判断する。

　山本から報告を受けた井上は、「何かの集まりを設けてどうこうす

るよりも、個と個のつながりを通じた関係を広げることも、困っている人に優しい街づくりになるかもしれないなあ…」とつぶやいた。

連携相関図 事例4（支援の経過 1.〜11.）

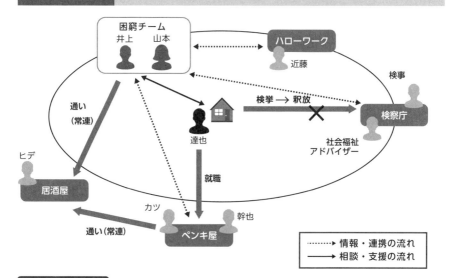

主な関係者

田中達也（困窮当事者）……27歳。さまざまな職を転々とするなか、自転車の窃盗容疑で検挙される。

検事（検察庁）……達也の窃盗案件を担当。達也に更生の機会を与えたいと考えている。

社会福祉アドバイザー（検察庁）……検事とともに達也の更生について、困窮チームに相談をもちかける。

井上（主任相談支援員）……検事からの連絡を受け、就労支援員の山本とともに達也の支援を始める。

山本（就労支援員）……井上とともに、就労支援に当たる。受け入れ先が決まらないなか、行きつけの居酒屋で…。

第 2 部・事例編

カツ（ペンキ屋の親方）……井上たちの行きつけの居酒屋の常連さん。ペ
ンキ屋を営む。昔は相当やんちゃな少年だったらしい。

幹也（ペンキ屋の職人）……カツが経営するペンキ屋の職人。達也のよき
先輩であり、よき理解者。

用語解説

【検察庁】
　最高検察庁・高等検察庁・地方検察庁・区検察庁の4種類があります。最高検察庁は最高裁判所に、高等検察庁は高等裁判所に、地方検察庁は地方裁判所に、区検察庁は簡易裁判所に、それぞれ対応して置かれています。

【検事】
　検察官（検事総長、次長検事、検事長、検事及び副検事）の一種で、最高検察庁・高等検察庁・地方検察庁・区検察庁のいずれかに所属しています。刑事事件について公訴を行ったり、裁判所に法の正当な適用を請求するなどの職務を司っています。

【社会福祉アドバイザー】
　検察庁では、「社会福祉アドバイザー」「社会復帰アドバイザー」等の名称で社会福祉士を採用しています。起訴猶予や執行猶予で釈放見込みの被疑者・被告人に対し、福祉サービスの受給や居住先確保の調整を行い、釈放後の福祉的支援につなぐことで再犯防止を図る取り組みを行っています。

第2部・事例編

事例 5 | 虐待、ことばの壁、生活困窮に縦割行政　社会に翻弄される母子家庭
—助言や指導ではなく、本人にかかわり、付き合う支援—

　主任相談支援員の宮本華子が、個人で学習塾をしている山口とこども食堂立ち上げの打ち合わせをしていると、「うちの塾に通ってきている子のことなんだけど…」と相談を受けた。

　高校2年生の女子。近くの母子生活支援施設に母親と小学3年生の妹と3人で生活している。1年半前に他県から入居。父親の暴力から逃げるためだったらしい。塾で勉強し、受験して1年遅れで高校に入学したが、クラスになじめず高校は休みがち。母子生活支援施設の職員に叱られるので、学校に行くふりをして塾に来ていることもよくある。母親にも母子生活支援施設の職員にも悩みを話せないようで、このままでは進級が難しくなってしまうのではと心配している。一度、話を聞いてもらえないだろうかとのこと。

1. 山口と一緒に、本人から話を聞く

　翌週、宮本が塾に出向くと、小さな部屋に案内された。本人はすでに塾に来ていて、山口が彼女を連れてきた。

　年齢に比べて大人びた印象。事前に話を聞いていたようで、山口から宮本が紹介されると、「どうも。レイです」と自己紹介してくれた。

　机をはさんで椅子に座り、宮本とレイは、こんな会話をした。

「学校はどう？」（宮本）

「うーん、微妙」（レイ）

102

第 1 章　個別支援

「何が微妙？」（宮本）

「先生が…。若くて『頑張んなきゃ』とか思ってるのかもしれないけど、完全にカラぶってて、みんなうんざりしてる」（レイ）

「今月はどれぐらい休んでるの？」（宮本）

「朝から行くのは週一ぐらいかな。うるさいからとりあえず朝は出かけるんだけど、なんとなく、ね…。来週はテストがあるから、休んだら、まじ、やばいんだけどね」（レイ）

「うるさいって、お母さんが？」（宮本）

「ママは、仕事で早く出ちゃうから。職員があれこれ言うんだよ。学校行かないとやばいのは自分がいちばんわかってるんだからさー。言われると余計にイライラするし」（レイ）

「お母さんとはあんまり話してないの？」（宮本）

「前よりは話すようになったけどね。でもママも疲れてるし、ミキのこともあるからね」（レイ）

「ミキちゃんは妹？　何かあったの？」（宮本）

「うん。なんか友達のサインペンを盗んだとかで、先週、ママが学校に呼び出されてた」（レイ）

「また塾に来るから。時々会って話そうか？」（宮本）

「うん。ここだと話しやすい」（レイ）

「ゆくゆくは施設の人とも連絡をとりたいんだけど、どうかな？」（宮本）

「うーん、考えてみる。まだ内緒にしておいて」（レイ）

「わかりました」（宮本）

15分ほどのやりとりを終え、再会を約束してその日は終えた。

103

第2部・事例編

2. 山口から連絡、母と面談

　翌週、山口から電話をもらう。

　「レイさんが帰ってから宮本さんのことをお母さんに話したようで、お母さんが自分も会って話したいと連絡してきました。金曜日の夜に来ていただけませんか？」

　指定された時間に出向くと、少し遅れて母親のアナとレイが一緒に塾に来た。「8時までに帰らないと施設の人に言われるから」と時間を気にしながら面談がスタート。母親は片言の日本語で、レイが要所を補って、以下の生活歴を聞き取った。

- ・アナは日系ブラジル人で、レイもブラジル生まれ。レイが3歳のときに離婚し、レイを両親（レイの祖父母）に託して来日。来日後、日本人男性と再婚し、次女のミキを授かる。

- ・ブラジルの両親が亡くなったのを機に、当時小学5年生のレイを日本に呼び寄せ、新しい生活が始まるが、まもなく夫（レイの養父）が事故でけがをして、失業。体の痛みを抱えて仕事が見つからないまま、夫は昼から酒浸りになる。

- ・アナは生活のため、昼はスーパー、夜は知り合いのスナックで働き、ミキの世話はレイがみることになったが、ミキが転んでけがをしたことを機に、夫はレイにたびたび暴力をふるうように。アナはレイの元気がない様子を気にかけつつも、生活に追われてなかなか気遣いができず、レイも新しい家族と暮らすアナへの気兼ねもあって、相談することができなかった。

- ・レイの中学の女性担任は、片言の日本語しか話せずに孤立していたレイを気遣い、放課後に日本語を教えたりしてくれた。もともと勉強が好き

第1章　個別支援

だったこともあり、日本語はみるみる上達。友達もできてレイは学校に
居場所を見出すようになった。

・進路のことが話題になりだした頃から、レイは友達に「中学を卒業した
ら家を出たい」と話すように。不思議に思った友達に理由を尋ねられ、
養父からの暴力を打ち明けたところ、驚いた友達が「一緒に先生のとこ
ろに相談に行こう」と担任に相談。担任がレイから話を聞き、養護教諭
も一緒に体の傷やアザを確認。母親と一緒に話し合うことを提案。

・学校に母親のアナが呼ばれ、レイから夫の虐待を告げられる。初めは動
揺したアナも、体のアザを見たり担任と話をするうちに落ち着き、子ど
もたちを連れて家を出たいと決意を固めた。

・児童相談所に相談して子どもたちは一時保護される。アナはいったん女
性シェルターに避難。安全に生活していくための手立てを講じた後、数
か月後にアナと子どもたちは再会し、夫の親戚が多数住む地元を離れ、
現在の母子生活支援施設に入所してきた。

事例
5

　アナは、「仕事も見つかったし、生活保護をもらわずに働いて早く
施設を出たい。部屋も狭くみんなイライラしちゃって、最近はレイと
もよくケンカになってしまう」と話す。市役所の人にも相談してい
て、「様子をみて、施設とも一緒に話し合いましょう」と言われてい
るとのこと。

　宮本が「生活保護から自立するのなら、施設を出て慣れない土地で
生活していく際に、困窮チームが相談先となって生活のことや子ども
たちのことにかかわっていく用意があること」を伝えたうえで、「自
分たちがかかわるときには施設とどうしても連絡を取り合う必要が出
てくる」と話すと、母親は「私が一度、職員に話してみます」と言っ

105

第2部・事例編

た。

　アナが施設と話したうえで連絡をくれることを約束し、2人は時間を気にしながら帰っていった。

3.　施設から電話。その後の連携へ

　数日後、施設職員から電話が入る。

　「アナさんからの相談を受けたそうですね。こちらの入居者にかかわりをもつときには、事前にご連絡をいただかないと困ります」と抗議を受ける。

　宮本は、「相談のなかで、できれば施設の方と連絡を取り合いたいとお伝えし、お母様が自分で施設の人に話してから連絡をくださることになっていたので、それをお待ちしていました。ご本人の了解なく施設の方に連絡することはできなかったので、このような経過となりました」と伝え、理解を求めた。

　施設職員は「わかりました。施設を出たいという訴えがあることは承知していますが、母子生活支援施設を出るにあたっては行政と一緒に話し合うことが必要です。くれぐれもご本人とのやりとりだけでことを進めないようにしてください」と話し、電話が切れた。

　後日、市から連絡が入り、関係者会議への参加要請を受けた。会議は、市役所（家庭児童相談室）、福祉事務所、母子生活支援施設、困窮チームの四者で開かれた。本人たちには事前に市が希望の聞き取りを行っていて、今回の会議は関係者のみで開催するとのこと。

　会議は、現状の共有から始まり、日常生活の様子について施設職員から次の報告がなされた。

106

第1章　個別支援

・アナは1か月前から工場での仕事を開始し、3か月の試用期間を経て正式契約となりそう。収入が安定すれば手当も合わせて生活保護は廃止になる見込み。職場には外国から来て働いている人が多く、体力的にはきついが何とか続けていきたいと言っている。ミキは、施設での生活になじみ、学校から帰ると職員にまとわりついて遊んでいる。

・先日、次女のミキが友達のサインペンを「盗んだ」と、母親が呼び出され、母親に付き添って学校で担任と面談。ミキは、サインペンについて、「友達が使ってよいと言った」とのこと。「そのときだけ貸したつもり」なのを誤解したらしい。これ以外でも本人の一方的な思い込みが多く、注意深く見守っていきたい。

・レイは、精神的に不安定で、調子が悪いと布団をかぶって起きてこない。アナともたびたび言い争いになり、一人で夜中に階段にうずくまっていることがある。職員はできるだけ声をかけて話しやすい環境をつくるように心がけているが、まだ十分に関係がつくれていない。先日も姉妹げんかの仲裁に入ったら、「みんなそうやって妹の味方をする！」と怒鳴って飛び出していってしまった。思春期の難しい時期でもあり、今後のことが心配。

事例
5

　市役所からは、「本人たちは施設を出て自立したいと言っています」との報告があった。これに対して、施設側から異論が出て、次のような意見が交わされた。

「まだ早いと思います。生活も不安定ですし、母子関係にもサポートが必要です」（施設）

107

第2部・事例編

「どのような状態になれば自立は可能と判断されますか？」（宮本）

「まずお母さんが職場に定着すること、レイさんの高校生活が安定し、お母さんがレイさんを受け止めてあげられるようになることではないでしょうか？」（施設）

「そうですね。生活の安定は何より必要ですね。ただ親子関係は、養父から虐待を受けていた経過を考えると、かなり時間がかかるのではないでしょうか？　もしかしたら、10年とかそれぐらいの時間が必要になるかもしれない。レイさんが18歳になるまでには、とうてい難しいと思いますが」（宮本）

「今、この家族は暴力から逃げてということで、支援措置を受けています。施設を出るとしても、手続きをすることが必要で、そうしたことについては自立相談支援のほうでサポートをしていただくことは可能ですか？」（市役所）

「ご本人たちの希望があれば、サポートは可能です」（宮本）

「施設を出るとしたら、地域の児童家庭支援センターにもつないでいこうと思っています」（施設）

　会議の結果、母親が試用期間を終えて契約ができた時点を一つの区切りとして、母子生活支援施設からの自立を進めていくこととなる。困窮チームは本人たちと話し合って転居先を探す役割を担うこととなった。

4. 施設を出て新しい生活へ

　アパート探しは、困窮チームとつながりのある不動産屋に同行するところから始まった。本人たちの了解を得て、おおまかな事情と保証

人を準備することができないことを不動産屋に伝えたところ、「心当たりの大家さんに協力を求めておくから、ご本人たちから直接話を聞かせてください」とのことであった。アナと待ち合わせていたが、「ママだけだと心配だから」とレイも付き添ってきた。

　本人たちから改めて話を聞いた不動産屋は、「いろいろ事情があるとすると、あんまりあれこれ選べないよ。だけど、一人、頼める大家さんがいる。借家で大家さんの目の届く場所だし、私もその地域の消防のメンバーだから、もしも変なことがあればみんなで動けるから。これから見にいってみる？」と話した。

　すぐの提案に戸惑いながらも、不動産屋の車に同乗して借家を見にいった。駅から歩いて少し遠いが、間取りは広く、2人はうれしそうに家の中を見て歩いた。

　「道路の向かいに大家さんが住んでいるから、寄っていこう」と促され挨拶に行く。大家さんは70歳。妻に先立たれて一人暮らし。「娘も嫁に行ってね。帰って来やしないよ」と苦笑いしながら話してくれた。保証人がいないことをお話しすると、「なんかあったらこいつに連絡するからいいよ」と不動産屋を指さし、「福祉の人はこいつとよく話し合っておいてよ」と了承してくれた。

　入居に必要な費用の見積もりを不動産屋に依頼し、市役所とも連絡をとっていくこととなった。

　数日後、不動産屋から「娘さんから電話がありました。娘さんは気に入ったようなんだけど、お母さんがいろいろ言っているみたいです。宮本さんから話してみていただけますか？」と連絡が入る。

　アナに連絡すると、職場の同僚に「なんでそんな不便なところに引っ越すんだ。会社のそばに来ればいいよ」と言われて迷っていると

第2部・事例編

のこと。「自分では決められない、どうしたらいいかわからない」と混乱した様子なので、電話を代わってもらってレイと話をした。

レイは、「駅から遠いのは気になるけど、だからあれだけ部屋が広いんだと思う。不動産屋もいい人だし、私はあの家に決めたい」と話す。宮本は「実際に住むのはあなたたち家族だから、今度は妹も一緒に3人で行って、もう一度見て決めたらどうか」と提案。レイは、「そうしてみる」と話してくれた。

後日、不動産屋から「3人でもう一度見たいといらっしゃって、案内したら、下の娘さんが大喜びで。その様子を見てお母さんも決めてくださいました。それにしても、上の娘さんがしっかりしていて、私たちも安心しました」と電話があった。

その後、転居が決まり、家族3人での新しい生活がスタートした。

5. 高校を自主退学、アルバイトをしながら通信制の高校へ

転居してまもなく、アナから、レイの出席日数がいよいよぎりぎりになっていて、学校から「お母さんも一緒に学校に来てほしい」と言われているとの報告があり、児童家庭支援センターの職員と宮本が一緒にレイを訪問。本人から話を聞いてみることを約束した。

後日、自宅を訪問。アナが出迎えてくれたが、レイは部屋から出てこない。リビングで待っていると、母に促されてレイが眠そうな様子でリビングにやってきた。児童家庭支援センターの職員がレイに「学校に行っていないの?」と尋ねても、なかなか話そうとしない。母親が「レイがどうしたいか言ってくれないと、ママも困る」と泣きながら伝えると、「もう、学校は無理」とつぶやいた。

宮本から、「その気持ちがはっきりしているなら、一度、きちんと

学校と話し合いをする必要があるのでは？」と水を向けると、レイは
うなずく。児童家庭支援センターが学校と連絡をとることとなった。

　学校と日程調整が進み、アナとレイ、児童家庭支援センター職員と
宮本も同席して、学校と話し合いが行われた。

　学校から、このままでは進級ができず、留年するか転校するか、選
択する時期に来ていると説明された。母親は「私は高校は卒業してほ
しいと思っているんですけど…」と話し、みんなの視線がレイに集
まった。レイは下を向いていたが、決意したように顔を上げ、担任教
諭に向かって「学校を辞めようと思います」と口にした。

　その様子を見守っていた学年主任が、レイに語りかけた。

　「辞めることはわかった。残念だし、学校としても力不足のところ
があったかもしれない。でも私は１年の頃からあなたを見ていて、今
のあなたはあの頃と少し変わったし、このままでいいのか心配だ。そ
れはあなた自身が一番よくわかっているんじゃないか。いろいろ大変
なことがあるんだろう。でも自分の人生なんだから、あなたが踏ん張
らなければ変わっていかない。そのことは心にとめておいてほしい」

　レイはその言葉を黙って聞き、学年主任と目を合わせて頷いた。

　その後、塾の山口のところに一緒に行き、その後の進路を話し合っ
た。連携している通信制の高校があるという情報を得て、本人は申し
込み。それ以外に「バイトをしようと思う」とすでに近くのファミ
リーレストランに面接に行ったと話してくれた。

6. 逃げ回りたくない

　その後、離婚が成立したこと、レイのアルバイトは順調であること
等、児童家庭支援センターから情報共有の連絡があった。宮本とは直

第 2 部・**事例編**

接のかかわりがなく、しばらく連絡が途絶えていたが、ある日、突然、「相談したいことがあるんですけど、いいですか？」とレイから電話があった。

　指定されたコーヒーショップで話した内容は、次のようなものだった。

「突然、どうしたの？」（宮本）

「うん…」（レイ）

「バイトは？」（宮本）

「うん、続けてる。仕事はいいんだけどね…」（レイ）

「どうした？」（宮本）

「この前、バイト先の忘年会でみんなでご飯食べに行って。その時の写真がお店の Facebook にアップされたらね、山口さんに、『写真に映ってるといる場所がわかっちゃうかもしれないから、危ないから気をつけて』って言われた」（レイ）

「そうなんだ」（宮本）

「うん。でもね、アイドルみたいにテレビに出てるわけでもあるまいし。だいたい、私は悪いことしてないのに、なんで私が逃げ回らなくちゃいけないの？」（レイ）

「そうか…。でも、危ないのはあなた一人じゃないからね」（宮本）

「うん、それも山口さんに言われた。確かに、あいつ（養父）は私より妹を探すだろうから。でも、こんなこと、いつまで続くんだろうと思ったら、嫌になっちゃった」（レイ）

「そうだよね」（宮本）

112

第1章　個別支援

　久しぶりに会ったレイは、しっかりとした表情で、日常生活が充実
している様子がうかがわれた。

　宮本は、「あなたがどんな状況に置かれていて、どんな危険を予測
しておく必要があるのか、いざとなったらどんな対策がとれてどんな
人たちが力になってくれるのか。一度、弁護士さんに相談してみ
る?」と提案。レイは「私が直接、弁護士と話すの?」と戸惑った様
子。宮本は、「どういう選択をするにしても、きちんと理解しておい
たほうがいいでしょう?　連携している弁護士さんに頼んでみるか
ら。そのときは同行します。お金は払う必要があるけど、バイト代か
ら5000円は払えますか?」。レイは、「大丈夫」と答え、宮本が日に
ちを調整して連絡することとした。

　弁護士相談に同席。あらかじめレイと一緒に質問を紙に書き出し、
本人が一つひとつ質問。時々、難しい言葉で混乱しそうになった際に
は宮本が弁護士に確認しながら説明を補足。一通り質問を終えた後
で、弁護士が「日本の法律はまだ不十分です。逃げる側が不利益を被
るのは理不尽ですが、何より安全に暮らすことを第一に考えてくださ
い」と助言した。帰り道、宮本がレイに「どうする?」と尋ねたとこ
ろ、「よく考えてみる」と短く返事をした。

　半年後の支援措置の更新時期、住民課から問い合わせがあった。
「レイさんに連絡をして来所を促しているが、まだ手続きが進んでい
ない。以前に、かかわりがあることを本人から聞いていたので連絡し
た」とのこと。宮本は、以前のレイとのやりとりを説明し、本人の意
思をもう一度確認してみると伝えた。

　レイに連絡し、会って話すことを約束。「ママと話したけど、もう
支援措置は受けないことにしました」ときっぱりと話した。宮本はそ

事例
5

113

の判断を尊重しつつ、何か少しでも気になることがあったら連絡してほしいと伝えた。

連携相関図　事例5（支援の経過1.～6.）

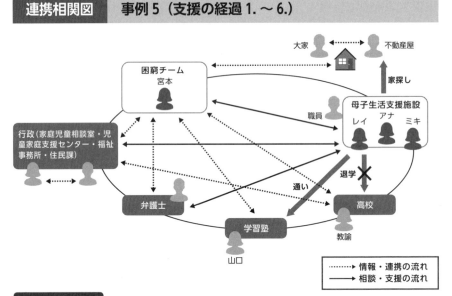

主な関係者

レイ（困窮当事者）……高校3年生。ブラジル生まれ、日系ブラジル人の母をもつ。小学5年生の頃にブラジルから呼び寄せられ、現在は日本で生活。養父（継父）から虐待を受けた経験あり。高校を自主退学し、アルバイトをしながら定時制の高校へ。

アナ（困窮当事者・母）……日系ブラジル人。現在は、長女のレイ、日本人男性との間に生まれた次女のミキとの3人で、母子生活支援施設に入所中（夫のレイへの暴力が原因）。「早く施設から出たい」と言う。夫とは係争中。

ミキ（困窮当事者・妹）……アナと日本人男性の間で生まれた。日本生まれ、日本育ち。

第1章　個別支援

山口（学習塾）……学習塾をしながら、子どもの支援を行っている。宮本とはなじみの関係。複雑な事情を抱えるレイのことが心配で、宮本に相談をもちかける。

宮本（主任相談支援員）……知り合いの山口からレイのことで相談を受ける。以来、虐待、学校、家族、施設にことばの壁と、いろいろな悩みを抱えるレイとは、つかず離れずで、断続的にレイに寄り添ってきた。

施設職員（母子生活支援施設）……レイたちの一家が身を寄せる母子生活支援施設の職員。レイたちとの折り合いは、あまりよくない。

市役所職員（家庭児童相談室）……社会復帰施設に入所中のアナから「施設を出たい」との相談をたびたび受ける。

先生（高校教諭）……レイの担任。「頑張らなきゃ！」との思いが、空回りがち。

不動産屋……母子生活支援施設を出るための家探しに協力。宮本とは顔なじみ。地域の消防団のメンバーでもある。

大家……地元でアパート経営をしている。困窮者支援への理解は高い。

事例
5

第 2 部・**事例編**

事例 6	知的障害、ネグレクト、保護廃止
	―複合的な課題をかかえる 7 人家族への支援―

障害児入所施設職員の田中から、「施設に入所している兄弟が夏休みで帰省するが、しばしば電気が止まる家なので心配している。実家の支援をしてほしいのだが」と電話が入る。

連絡を受けたのは主任相談支援員の宮本。帰省前に施設職員が、本人の実家を訪問する際に同行することを約束。

1. 施設職員と自宅を訪問

実家はテラスハウスの一角で、玄関の周辺には物が散乱していた。表札には「三浦」と書かれている。確かにこの家だ。施設職員の田中が玄関のドアをノックするが応答がない。「いつもそうなんです」と田中はつぶやき、室内に向かって「入りますよ！」と声をかけながらドアを開ける。

玄関を入ってすぐのところが居間で、薄暗いなか父親の和夫がビールを飲みながらテレビを見ている。「お父さん、今日は休み？」と田中が声をかけると、和夫は振り返って驚く様子もなく「ああ」と返事。田中が「今日は、地元の相談員さんと一緒に来ました」と話すと、和夫は「秋江なら 2 階にいるよ」と言って、「おーい！」と声をかける。2 階から反応はなく、和夫は舌打ちをして階段の下まで行き、これまでより大きな声で「おぉーい！」と呼びかける。ほどなく 2 階から「はぁーい！」と返事がした。母親の秋江が「何？」と降りてきて田中を認め、「あら、久しぶりですねぇ。今日は何？」と近づ

116

いてくる。秋江はサンダルを履き、タバコに火をつけながら外へ。玄関の前で田中と立ち話を始めた。

　宮本の存在を不審に思った秋江が田中に尋ねる。「秋江さんたちの生活で何か困ったことがあったら、こちらの宮本さんが相談にのってくれます。ほら、この前も健康保険証をもらうのに、いろいろ大変だったんでしょう？」と自立相談支援の説明をした。

　「ほんとだよ。かおりが熱出して保険証がなかったから市役所に行ったら、払っていただかないと出せませんて言われてね。わかってるけど、払えてたら払ってますよ。なんとかしてくれと頼んだら、3000円払ったら1か月分は出すって言われて、やっともらってきたんだ」と微妙に脱線する秋江に、「そういうときは、私たちに連絡もらっても遠いからすぐに動けないし。これからは、こちらの宮本さんに相談してください」と、話を宮本に戻した。

　「はい、何かあったら連絡ください。一緒に動いたりできると思います」と言う宮本に、「あぁ、そうなんだ。お願いしますね。で、子どもたちはいつ帰ってくる？」と秋江。そんな会話がしばらく続いた。

「今週の金曜日からでどうですか？　1週間ぐらい」（田中）

「わかったよ。電車代ぐらい持たせてね」（秋江）

「わかりました」（田中）

「お母さん、私も近くまで来たら立ち寄らせていただいて、いいですか？」
（宮本）

「ああ、いいよ」（秋江）

第2部・事例編

その日は顔合わせをするという目的で、短いやりとりで終えた。

2. 関係者会議への参加

宮本がかかわりを開始するにあたり、情報共有を目的として、障害児入所施設職員の田中が、児童相談所に申し入れ、関係者会議が開催された。兄弟が実家に帰省する時期に合わせ、会議後には、関係機関がそろって同行訪問するという予定も組まれた。

その際に共有された情報は、下記のような内容であった。

- 父（和夫）60歳、母（秋江）48歳、長女（みのり）22歳、長男（太郎）19歳、次女（かおり）17歳、次男（次郎）15歳、三男（三郎）13歳の7人世帯。
- 和夫はとび職で秋江は専業主婦。2人ともに生活力が低く、小さい頃から子どもたちの登校が安定しなかった。心配した学校が家庭訪問したところ、子どもたちはしばしばお腹を空かせていること、秋江は幼い子どもたちを放置したまま外出していることが多いこと等がわかり、ネグレクトで児童相談所に通告。長期にわたる家庭の指導が開始された。
- 児童相談所は、両親のいずれにも軽度知的障害を疑い、できるだけ両親の受け入れがよいように辛抱強くかかわってきた。市との連携により生活保護の申請につながるが、両親のパチンコ等による浪費もあり、なかなか生活に改善がみられない。
- その後、次郎と三郎は空腹のために深夜にコンビニでおにぎりを万引きして、一時保護される。一時保護の期間中に児童相談所が次郎と三郎の心理検査をしたところ、軽度知的障害であることがわかり、児童相談所と両親が話し合って2人は障害児入所施設に措置された。

118

第1章　個別支援

- 父親の和夫は、給料の遅配等もあり、収入が安定しない。飲酒癖があり、子どもたちへのかかわりはほとんどない。母親の秋江は気の向いたときしか家事をせず、パチンコ店でしばしば目撃されている。
- 長女のみのりと、長男の太郎は療育手帳を取得して施設入所も経験しているが、現在は本人と家族の強い意思で家庭に戻り、支援から離れている。次女のかおりは中学から不登校であったが能力が高く、自分で派遣の仕事を見つけて働いている。
- 家族関係は良好で、週末には必ず母親から子どもたちに電話がかかってくる。施設の行事には、母親が時には兄姉たちを連れて参加するが、時折、母親から「帰りの交通費がない」と言われ、子どもたちと相談して施設が預かっている貯金のなかから交通費を母親に渡すこともある。長期休みには帰省するが、家庭ではたびたび光熱水費の滞納等が生じている。
- その後、兄姉たちが仕事を始め、世帯収入増で生活保護は廃止され、かかわる機関がない。

　情報共有が進んだところで、児童相談所から「自立相談支援では、どのようなことをやっていただけますか？」との質問があった。「仕事のことや家計のことなどが考えられますが、ご両親が何を希望されるかによります」と答える宮本に、「先日もまた、母親から、自転車を盗まれたと施設に連絡が入りました。当面は施設が受け止めて自立相談支援につなぎ、少しずつ関係をつくっていっていただければと思います」と田中が言葉を継いだ。

　当面の役割の確認が終わったところで、「それではそろそろ、家庭訪問に動きましょう」と、児童相談所がしめくくった。

119

第2部・事例編

3. 家庭訪問①

　会議後、関係機関が一緒に家庭を訪問した。訪問時、玄関の外で子どもたちが遊び、母親はそのそばで憮然とした表情でタバコを吸っていた。

　「お母さん、お久しぶりです」と語りかける児童相談所の青山に、「あぁ」という気のない返事。母親の様子がなんだかおかしい。

> 「お母さん、どうしたの？」（青山）
>
> 「この暑いのに、電気が止まっちゃったんだよ」（秋江）
>
> 「えっ。それは大変だね」（青山）
>
> 「お父さんが給料もってこないから、こういうことになる。今朝もケンカになってね」（秋江）
>
> 「いつ頃、払えそう？」（青山）
>
> 「子どもたちに相談しないと、わかんないよ」（秋江）

　ここで、宮本が、「よかったら一度、お金のことを詳しく教えていただけませんか？」と話を引き取る。

> 「うん、私もわかんないんだよ。給料もらった者が払えるときに払ってるからね」（秋江）
>
> 「詳しくわかれば、電気代を一時的に貸してもらえないか、相談できる先もあるかもしれません」（宮本）
>
> 「本当に？」（秋江）
>
> 「はい。でもそのためには、皆さんのお給料とか教えていただいたり、今ある請求書とか、見せていただきたいんです」（宮本）

120

第1章　個別支援

> 「…私が言うとケンカになるからさ。一度、お父さんと話してくれる？
> 天気が悪い日は仕事がなくて家にいるから」（秋江）
> 「わかりました。一度、伺います」（宮本）

その後は、各者が入り交じり、次の訪問に向けての会話が弾んだ。

> 「電気代を借りられたとしても、すぐには難しいですよね？」（田中）
> 「たぶん、子どもたちが出してくれるから。止まるかもって今朝、言って
> おいたんだ。でもあと、ガス代や携帯代もあるからね」（秋江）
> 「この前のお話だと、健康保険料のこともありますよね？」（宮本）
> 「あぁ、そうか」（秋江）
> 「子どもさんたちの給料は聞いておいていただけますか？」（宮本）
> 「わかった」（秋江）
> 「お母さん、いろいろ困ったときに相談できる人ができてよかったですね。
> 宮本さん、よろしくお願いします」（青山）

事例
6

4．家庭訪問②

　数日後、朝から雨が降るなか、自宅を訪問した。声をかけてドアを
開けると、階下で和夫は眠っていて起きない。2階に向かって声をか
けるが、秋江の気配もない。時間を替えて訪問しようと考えたが、思
いついて近くのパチンコ店を探してみた。秋江の姿が見えて声をかけ
ようとしたが、パチンコ台に背を向けて数人とおしゃべりをしていた
ため、声をかけるのをやめた。

　数時間後、再度、訪問すると、2人が階下でテレビを観ながら食事

121

第 2 部・事例編

をとっていた。宮本が「お母さん、こんにちは」と声をかけると、秋江が、「ああ、どうも。お父さん、ほら、来てくれたよ」と、和夫に声をかける。話を向けられた和夫は、開口一番、「お金を貸してくれるんだって？」と尋ねてきた。

「貸してくれるところに相談できるかもしれないという話です。少し、お話を聞かせてください。お父さん、最近はお仕事どうですか？」（宮本）

「ダメだねぇ。俺も腰が悪いから、声がかからなくなってる。給料の支払いも悪いしね。仕事変えたほうがいいのかね」（和夫）

「そうですか。とびの仕事もきついですよね。転職を考えるなら、一緒に探しますよ」（宮本）

「でも俺は学校も出てないし、これしかやってないからね。どんな仕事があるかね」（和夫）

「はい。いろいろ考えられるかもしれませんよ。今度少し、仕事の情報をもってきますよ」（宮本）

そんな話をしながら、聞き取った家計のあらましは以下の通り。

・父は、以前は手取りで 20 万円を超える収入があったが、最近は 10 万円に満たない。社会保険には入っていない。

・長女は無職、障害基礎年金 2 級（月額 6 万 5000 円程度）を受給している。

・長男は、父の知り合いに頼んでとび職で働くようになった。朝が早いので工務店に住み込んでいる。毎週、休みの日曜日には帰ってきて 1 万〜2 万円程度、渡してくれる。

第1章　個別支援

> ・次女は、人材派遣として働いている。1日行くと8000円。週に4〜5日は行っている。家族の分も含めて買い物をしてきてくれるので、食費が助かっている。
> ・家賃は6万円。1か月遅れで払っている。光熱水費も遅れ遅れで払っている。
> ・払っていない税金がいくらになっているか、よくわからない。
> ・債務はない。手続きがわからないので、カードは持ったことがない。

　話が一区切りついたところで、宮本は、市役所から来ている請求書等の封筒を開けてもらい、2人の前で一つひとつ確認した。住民税と国民健康保険税の滞納は併せて80万円に上っていた。しかし、和夫の収入が7万〜8万円だとしても、長女（みのり）の年金、長男（太郎）からの援助、次女（かおり）の給与で世帯の月収は30万円前後。支出に対応していくことは可能と考えられた。

　宮本は、持ち帰って家計を整理すること、和夫が転職を考えるために、参考になる仕事の情報を探すことを約束して訪問を終えた。

　後日、おおまかな家計収支表を作成して自宅を訪問。和夫と秋江の2人と一緒に確認したうえで、促してそのまま市役所に同行。市民税課で納税相談を実施し、滞納税について分割払いを約束して保険証の発行をしてもらった。

5.　障害児施設から「お父さんが倒れた」と連絡→病院へ

　田中から困窮チームに連絡が入った。「お父さんが倒れたらしいんです。お母さんが電話をくれたのですが、混乱していてよくわからなくて。様子を見に行っていただけませんか」。宮本は訪問して状況を

123

第2部・事例編

確認してみると答えた。

　自宅に出向くと、家族は誰もいない。以前にパチンコ店で見かけた母親の友人が留守番をしていたので、様子を聞くと、運ばれたのは近くのA病院だと教えてくれた。

　病院に行くと、待合室に秋江と長女のみのりが座っていた。様子を聞くと、朝、仕事に出かけようとして玄関で転倒したと言う。倒れたまま起き上がらなかったので、秋江が救急車を呼んでA病院に運ばれた。

　医師からは、脳梗塞だと言われた。血圧が高く、血糖値もとても高い状態で「よく今までなんともなかったですね」と驚かれたようだ。しばらく入院することになると言われ、手続きを待っているところだと話す。宮本は医療相談室を訪ね、担当ソーシャルワーカーに家族の状況を伝え、配慮を依頼した。ソーシャルワーカーは、待合室で待つ母娘の様子を見てとり、手続きを丁寧に教えてくれた。

　手続きを終えたところで、宮本は秋江と一緒に市役所へ出向いた。国民健康保険課で医療費の限度額適用認定証の発行を受け、再度、病院へ戻ってソーシャルワーカーに手渡した。ソーシャルワーカーは秋江に、必要な着替えや身の回りの物などについて書かれた紙を渡し、「明日でよいので、持ってきてくださいね」と話した。漢字が読めずに困惑している秋江の様子を見てとった宮本は、書かれた内容を一つひとつ確認し、理解を助けた。

　宮本はそのまま秋江とみのりと一緒に自宅に同行した。秋江が知らせておいたようで、長男の太郎と次女のかおりも自宅にいて、家族会議となった。何回か面識があったこと、秋江が宮本を頼りにしている様子から、子どもたちも宮本の存在を拒否なく受け入れてくれた。秋

124

江に頼まれて、宮本が子どもたちに病状を説明した。当面、父親の収入が見込めなくなること、医療費がある程度かかってくることについて説明を加えたうえで、長男と次女がどの程度、家計を助けることができるのか、確認した。

長男の太郎は、毎週2万円の援助を約束してくれた。次女のかおりは、自分で貯めたお金が20万円ぐらいあると話してくれた。宮本は2人の負担をねぎらいながら、「今後、市役所に生活保護の相談をしていく必要も出てくるかもしれません。そのときはまた相談させてください」と伝えて、自宅を後にした。

6. 病院に連絡、その後の様子を確認

宮本は定期的に病院のソーシャルワーカーと連絡をとり合った。入院した和夫のところには秋江がほぼ毎日、夕方に様子を見に来ていて、いつも子どもや秋江の友人が誰かしら同行し、しばらくの間、ベッドサイドでにぎやかにしゃべっては帰っていくという。和夫はだいぶ気落ちしていて、リハビリテーションが思うように進んでいない。病院としては、ある程度の段階で要介護認定を勧め、退院後の生活を考えていきたいとのこと。宮本からも、家族が和夫を介護していくことが可能か、話をしてみてほしいと依頼された。

宮本は、秋江が病院にいるであろう夕方の時間帯に病院を訪問した。秋江は友人と一緒に和夫のところに来ていて、友人とおしゃべりをしていた。宮本に気づくと手招きし、宮本も話の輪に加わった。

「お父さん、お加減はいかがですか？」（宮本）

「病院は嫌だね。早く酒が飲みたいよ」（和夫）

第2部・事例編

「だから、医者からもうお酒はダメだって言われてるでしょ！」（秋江）

「大丈夫だよ。少しにしておくから」（和夫）

「私が言っても聞かないんだよ、この人は」（秋江）

「お酒は叱られると思いますよ。命にかかわることだから、先生とよく話してくださいね。お母さん、病院の支払いは大丈夫？」（宮本）

「うん。この前の請求書は払ったけど。娘ももう無理って言っていて、どうしようかと思ってる」（秋江）

「生活保護は受けられないかね？」（友人）

「そうですね。一度、相談に行く必要がありますね」（宮本）

「この人、前に受けていたときのケースワーカーが嫌だったみたいで、絶対に受けないって言い張るんだけど、お父さんが働けなくなったら仕方がないんだよって言ってやってるんだ」（友人）

「そうですね。ご心配、ありがとうございます。よく話してみますね」（宮本）

「うん。子どもたちが気の毒でね。いい子たちなんだよ。自分たちの生活もあるだろうから、よく話を聞いてやってね」（友人）

「わかりました」（宮本）

　その後、友人が和夫と話し始めたので、宮本は秋江を促して病室の外で立ち話をした。改めて子どもたちを交えて話をする必要があること、そのうえで生活保護の相談に行くことを約束した。また、ソーシャルワーカー室に立ち寄って情報を共有した。ソーシャルワーカーからは、麻痺が残ることは避けられず、介護や食生活の管理を家族が担えるか心配していること、場合によっては施設利用を考える必要もあり、サービス付き高齢者向け住宅を提案してみようかと考えている

126

ことが話された。

　宮本は子どもたちのいる夜の時間帯に自宅を訪問し、改めて和夫のことを話し合った。長男の太郎と次女のかおりからは、仕事があって自分たちは介護ができないので秋江と長女のみのりで決めてほしいこと、これ以上の金銭的な負担は難しいことが話された。秋江は、「あの人は私の言うことを聞かないから、家に帰ってきたらきっとまたお酒を飲んでしまう。この前、病院で介護の練習をしてみたけど、身体も大きくて支えられなかった。施設のようなところがあるなら、そのほうがいいよ」と話した。

　後日、渋る秋江に生活保護の相談を促し、同行した。あらかじめ生活保護のケースワーカーに状況を伝えておいたところ、以前に生活保護を受けていた時期に母親と面識のある、ベテランの主幹が対応してくれた。「お母さん、久しぶりだね。お父さん、倒れたんだって？大変だったね」と声をかけられた。秋江は、顔なじみの職員の対応に緊張がほぐれた様子だった。面接室に案内されると、相談に入る際に主幹が秋江に向かって「事情はある程度、聞きました。昔、生活保護を受けていたときのことがあるから、家族のことはよくわかっています。子どもたちは働いて頑張っているし、あまりお父さんのことが負担にならないように、施設に入るところからお父さんだけ生活保護を受けられるようにしますからね。ケースワーカーとよく話してください」と伝えてくれた。

　父親は世帯分離して生活保護を受け、病院のソーシャルワーカーが探した近隣市のサービス付き高齢者向け住宅に入居して介護を受けることになった。

第2部・事例編

7. 長女の就労支援

　他市にある障害者地域生活支援センターから長女へのかかわりについて宮本に問い合わせが入る。

「三浦さんのご家庭についてかかわりがあると伺いました。長女のみのりさんとは何か話されていますか？」（佐藤）

「お父さんのことや家族のことについてはお話ししていますが…」（宮本）

「みのりさんが以前、こちらの地域にある施設に入所していた際に私が担当していたものですから、施設を出た後も時々、施設の行事に遊びに来たり、電話をくれたりして話していたんです。弟さん妹さんたちが働きだしたということで、ご自分も何かしたいと言っているのです。そちらの自立相談支援に相談するよう勧めたのですが、自分からは話せないというので、ご連絡しました。一度、本人のところに出向こうと思いますが、一緒に会っていただけませんか？」（佐藤）

「わかりました。話しかけてもいつも恥ずかしそうにうつむかれていたので、こちらとしてもかかわるきっかけがつかめずにいました。機会をつくっていただけると助かります。せっかくなので、障害者就業・生活支援センターにも声をかけて同席をしてもらおうと思いますが、いかがですか？」（宮本）

「それは助かります。よろしくお願いします」（佐藤）

そんなやりとりをした。

　後日、宮本と佐藤は、地元の障害者就業・生活支援センター職員（川崎）と一緒に長女のみのりを訪問した。訪問の日時は長女と信頼関係のある佐藤が調整した。みのりは、佐藤の来訪を心待ちにしてい

128

たようだ。佐藤から話しかけると、友達のように会話が弾んだ。

> 「久しぶりだね。元気だった？」（佐藤）
>
> 「うん。佐藤さん、年とったみたい（笑）」（みのり）
>
> 「そりゃあ、年もとるさ。だってあなたが施設を出てからもう5年ぐらい
> になるからね。いくつになったの？」（佐藤）
>
> 「22歳」（みのり）
>
> 「そうか。もう大人だね」（佐藤）
>
> 「うん。親の介護もするようになったしね」（みのり）

「そうなんです。お父さんが倒れて、いまは隣町のサービス付き高齢者向け住宅に入居されているのですが、長女さんは時々行って、お父さんを散歩に連れ出したりしてくださってます」と、タイミングを見計らって、宮本が会話に混ざる。

「そうなんですか。彼女は施設に入っていたときも、身体の不自由な仲間をよく手伝ってくれていました。介護の仕事などをしてみたらと話していた時期もあったんです」と返す佐藤に、「そうですか。もし働きたいと思っているなら、専門の人に相談したほうがよいと思って、今日は、障害者就業・生活支援センターの川崎さんと一緒に来ました」と、みのりに聞かせるよう宮本は言った。すかさず、「よろしくお願いします」と川崎が話しかける。

みのりは短く「はい」と答えた。ここからが、本題だ。

「17歳のときまで施設にいて、最後は、どうしても家に帰ると言って帰省のときに施設に戻らず、そのまま措置解除となりました。特別支援学校高等部では職場実習も経験していて、とても評価は高かった

第2部・事例編

んです。一生懸命頑張るほうなのですが、実習で少しミスをしたこと
を気にしてしまって。失敗したときが課題かな」と尋ねる佐藤に、み
のりは短く「うん」と答えた。

　「そうですか。以前のお話を伺えるのは、とてもありがたいです」
という川崎に続いて、「そういえば、長女さんは年金を受給してい
らっしゃいますよね？」と、宮本が尋ねた。

　「はい。20歳になったときに私が申請を手伝いました」という佐藤
の答えに、「そうだったんですね。どなたが助けてくださったのだろ
うと思っていました」と、宮本は合点がいったように頷いた。

　やはり、佐藤の存在は大きい。次第にみのりの緊張もほぐれ、話は
順調に進んだ。

「いつも、佐藤さんに連絡してます」（みのり）

「ご本人のことは心配なんですが、遠方にいてそのたびに何かできるわけ
ではないので、地元の支援機関につなぎたいと思っていました。今後の支
援をお願いできると助かります」（佐藤）

「一度、じっくり話したいので、私たちのセンターに面接に来ていただけ
ますか？」（川崎）

「はい、わかりました」（みのり）

「ご本人の就労については障害者就業・生活支援センターにお願いし、私
たちはご家族全体についてかかわっていきます」（宮本）

「よろしくお願いいたします」（川崎）

　その後、障害者就業・生活支援センターによる支援の結果、長女は
障害者雇用で仕事を始めた。相談員は、長女の年金と給料からいくら

第1章 個別支援

家計に入れるのか、母親との話し合いをサポートした。

連携相関図 事例6（支援の経過 1.～7.）

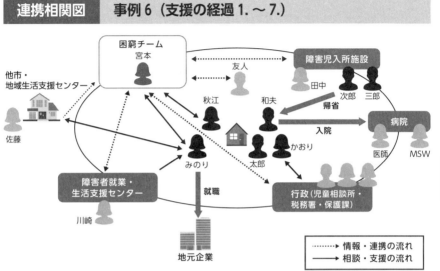

事例6

主な関係者

三浦夫妻（困窮当事者）……夫（和夫）と妻（秋江）。ともに軽度の知的障害の疑いがある。夫の和夫の職業はとび職だが、健康に不安があり、家計が安定しない。

三浦きょうだい（困窮当事者）……長女（みのり）、長男（太郎）と次女（かおり）の3人が、両親と同居。次男（次郎）と三男（三郎）は、万引きからの一時保護を経て、現在は障害児入所施設に入所中。みのりと太郎は知的障害があるが、太郎は就労していて収入もある。かおりも派遣の仕事をしている。

田中（障害児入所施設職員）……次郎と三郎が入所している施設に勤める。2人の帰省にあたり、三浦家のことで宮本に相談。

宮本（主任相談支援員）……田中からの連絡を受け、三浦家と深くかかわ

第2部・事例編

るようになる。

友人（秋江の友人）……暮らしが厳しいのに生活保護を嫌がる秋江のことが心配。

佐藤（障害者地域生活支援センター職員）……以前、みのりの地域移行支援を担当。三浦家の転居で、管轄外となった後も連絡はとり合っている。他市に勤務。

川崎（障害者就業・生活支援センター職員）……佐藤の声かけがきっかけで、みのりの就労支援にかかわることに。

用語解説

【医療ソーシャルワーカー】

　病院等の保健医療機関で働くソーシャルワーカーを、総称して「医療ソーシャルワーカー」と呼んでいます。医療機関内の地域連携室や医療相談室などに所属して、入院・外来を問わず、生活と傷病の状況から生ずる心理的・社会的問題の予防や早期の対応等を行うため、患者やその家族からの相談に応じて、①療養中の心理的・社会的問題の解決、調整援助、②退院援助、③社会復帰援助、④受診・受療援助などの業務を行っています。生活困窮者の自立相談支援機関にとっても、心強い連携先の１つです。

【障害者就業・生活支援センター】

　就業及びそれに伴う日常生活上の支援を必要とする障害のある人に対し、窓口相談から職場・家庭訪問等まで行う専門機関です。就業に関する相談支援、就職に向けた準備支援（職業準備訓練、職場実習のあっせん）、就職活動の支援、障害特性を踏まえた雇用管理にかかる事業所への助言などの幅広い就業支援を行うほか、生活習慣の形成、健康管理、金銭管理等の日常生活の自己管理に関する助言なども行い、関係機関との連絡調整という役割も担っています。平成29年4月時点で、全国に332のセンターが設置されています。

第2部・事例編

第2章

個と個をつなぐ支援

事例 **7**

「支援される側」から「支援する側」へ（前編）
―仕事につなぐ、その先へ…―

　斉藤ヨシ子は何度も足を運んだ。最初は、混み合う所内の雰囲気に飲まれて、何をどのように相談すればよいのかわからなかった。それでも、何度も通ううちに端末の使い方がわかってきた。しかし、自分の年齢に見合う求人は、なかなか見つからない。「年齢不問」というキーワードを見つけたのは2か月が過ぎた頃だった。「何でもいい。何でもいいから仕事に就かないと、もう食べていけない…」。ヨシ子はそう思いながら求人票を持ってカウンターに座った。

　座るたびに担当者が変わり、そのたびに年齢を問われた。「75歳です」と答えると、係員の顔つきが変わった。ヨシ子は、そんな体験を何度も繰り返していた。

1．困窮チームとの出会い

　ヨシ子は疲れを感じ始めていた。「私の人生、これまでかなぁ…」とぼんやりする頭に、あるリーフレットが浮かんだ。「確か、引き出しの中に入れたはず…」と思い出す。A5判のリーフレットの「一人

で悩まず、とりあえずお電話ください！」という文字を見て、ヨシ子は受話器を上げた。

　2回目の呼び出し音がするかしないか、ほんの数秒の間に「また嫌な思いをするかもしれない…」と思った。けれど、電話に出た相談員の声は穏やかだった。応対が丁寧でほっとした。「この人になら話せるかもしれない」と感じた。

　電話対応をしたのは、主任相談支援員の井上。「どんなご相談ですか？」という井上の問いに、ヨシ子は自分の状況を手短に話した。半年前に夫を亡くしたこと。頼る身内がいないこと。年金や貯えがわずかなこと。仕事を探していること。年齢を伝えるだけで嫌な顔をされる…と感じること。自分でも信じられないくらい、とりとめもなく伝えた。

　「ご苦労されたのですね…。よろしければ、もう少し詳しくお話を聞かせていただけませんか。お役に立てることがあるかもしれません。お越しいただいても結構ですし、私たちがお宅に訪問することもできます」と井上が応じた。「えっ？　来てくれるんですか？　行かなくていいんですか？」と驚くヨシ子に、「はい、それが私たちの仕事ですから」と井上が答える。

　電話の内容から状況を推察した井上は、隣に座る就労支援員の山本に目配せした。状況を察した山本は「OK！」の合図を送る。「わかりました。では、今日の15時であれば調整がつきますのでお伺いします。お名前と住所を教えていただけますか…」と話が進み、その日のうちにヨシ子と面談することが決まった。

第2部・事例編

2. 家庭訪問

　ヨシ子の部屋は2階建てアパートの2階。鉄製の階段を上がるとコンコンと音がする。入り口のチャイムを押しても鳴らない。「壊れているのかなぁ…」とノックをしようとしたとき、ヨシ子が顔を出した。「すみません、来ていただいて。粗末な部屋ですけど上がってください」と室内に通された。狭い入口を入ると、四畳半ほどのキッチン。左側にはトイレと浴室。奥に8畳間があった。部屋の一角に小さな仏壇。数か月前に亡くなった夫の遺影と、思い出の写真が並んでいる。

　「二人で苦労を乗り越えてきたけど、一人になっちゃいました。当時は泣いてばかりいて、『なんで先に逝っちゃうのよ！』って、毎日毎日ここに座って、話しかけてたんです。でも、何とかしなくちゃいけないって思いましてね…。動き出してみたんですけど、なかなかうまくいかなくて、それで電話させてもらったんです」とヨシ子が話す。「そうでしたか…。ご苦労されたのですね」と言った後、しばらく間をおいてから井上はこう言った。「あの…、お話を聞かせていただく前に、ご焼香させていただいてもよろしいでしょうか？」と。

　驚いたヨシ子だったが、「どうぞどうぞ、お線香を上げてやってください」と笑顔になった。「…このたびはお邪魔いたします。ご縁あって奥様の支援を担当することになりました。私たちも頑張りますので、どうぞ見守ってください…」と井上が手を合わせた。それに続く山本は、「必ず就職を決めます。応援してください。お願いします」と頭を下げた。

136

3. 求人票ピックアップ

　就労支援員の山本は、いつものように職歴を尋ねることから始めた。冗談を交えながら、苦労話を聞きながら、時には涙ぐむヨシ子を励ましながら、職歴をたどっていった。あっという間に小一時間が過ぎた。「長い時間、ありがとうございました。もうすでに、私の頭のなかには仕事をしているヨシ子さんがいます！」と元気に話しかけた。「働ければなんでもいいんです。私は働くことが好きだから、なんでもいいんです！」とヨシ子は言う。「わかりました。明日の2時、ハローワークで待ち合わせましょう。それまでに私のイメージに合う求人をいくつか選んでおきます。手始めに、そのなかから選んでみませんか？」と投げかけた。「そんな求人、あるんですか？」と言うヨシ子。確かな勝算はないものの、山本のなかで「この人ならいける！」と何かが動いた。

　山本がハローワークに到着したのは12時半を少し回った頃。いつものように26番端末の前に座り、検索を始めた。山本が最も配慮したのは「通勤時間」だった。ヨシ子の移動手段は自家用車。しかし、街中のように混み合う場所は苦手だ。一般企業の通勤時間にぶつかると移動時間が増加する。山本は「できるだけ混み合わない時間帯で、移動時間は片道20分」と見積もった。

　検索を開始して70分。この間、山本の頭には「運転しているヨシ子」「働いているヨシ子」「仕事帰りに買い物するヨシ子」の姿が浮かんだ…。最終的に4つの求人票を拾い出した。高齢者担当のカウンターに行き、求人票の詳細情報を調べる。すべての情報収集を終えた山本は、「よし！」と言って柱時計に目をやった。約束した時間の10分前。気がつくと時計のすぐ下に、ヨシ子が立っていた。腕時計を気

第2部・事例編

にしながら、きょろきょろしている。「こんにちは！」と声をかけた山本に、「びっくりしたあ〜！」とヨシ子。緊張していたのであろう、山本の姿は全く目に入らなかったようだ。

山本は、4つの求人票について一つひとつ説明した。そして、こう付け加えた。「私はヨシ子さんの仕事ぶりについては、全く心配していません。むしろ自信をもって企業さんにお勧めしたいと思っています。ただ、どうしても気になるのが通勤です。通勤途上の運転は神経を使うでしょうし、長くなると疲れます。できるだけ疲れないように、そして途中にスーパーがあれば、帰りにお買い物もできるかなと思って、この4つを選びました」と説明した。「そこまで考えてくれたんだ。ありがとね、ホントにありがとう！」と言ってヨシ子は涙ぐんだ。

ヨシ子は、山本が選んだ求人票のなかから2つを選んだ。いずれも、清掃の仕事だ。

4. 採用面接とその結果

年金も貯えも少ないヨシ子には、時間的な余裕はなかった。できるだけ早く就職先を決めなければならない。そこで山本は、3社同時に面接することを提案した。最初の2社はヨシ子が選んだ求人、もう1つは山本が選んだ求人だ。「返事が来ないうちに、次の会社を受けても大丈夫なんですか？」と心配するヨシ子に、「ダメだ…という決まりはないと思います。それを採用担当者に伝えればいいわけですから…」と笑顔で答えた。

実は、山本の狙いは別のところにあった。「自分で選んで、自分で決める。『やらされる仕事ではなく、自分から進んでやる仕事』でな

138

ければ、納得も責任も生じない」と考えていた。ハローワークの担当者にヨシ子の状況を説明すると担当者も理解を示し、1週間以内に3社の面接を設定することができた。

山本は「いざ、面接！！」とヨシ子に向かってガッツポーズをとった。それにつられてヨシ子も…、2人は笑った。

1社目と2社目は面接試験のみ。3社目は実技試験があった。1つめの会社はヨシ子の「年齢」を気にかけた。2社めはヨシ子の「人柄」に注目した。3社めは「仕事の効率」にウエイトを置いた。「結果は1週間以内にお知らせします」と言われ、ヨシ子は返事を待った。

翌週、返事が来た。1社目は不採用だったが、2社目と3社目に合格した。驚いたのはヨシ子だ。「2社とも合格しちゃったんだけど、どうすればいいですか？」と山本に電話をかけてきた。「おめでとうございます！ やりましたねえ！ すごいすごい！ ヨシ子さんがやり甲斐を感じて、長く続けられそうな会社を選べばよいと思います」と山本。このアドバイスを受けて、ヨシ子は2社目を選んだ。その理由は採用担当者の対応にあった。ほかの担当者とは違い、ヨシ子に対する態度が丁寧だった。「この会社で働きたい！ って思ってね。だから、ここに決める！ ありがとね、私とってもうれしい。頑張るからね！」と涙を浮かべた。

5. ヨシ子の仕事ぶり

雇用の開始日が決まると、ヨシ子は通勤の練習を始めた。勤務は6時〜14時。朝4時に起床して5時前に家を出る。職場に着くのは5時20分。これを何回も練習したうえで、ヨシ子は初出勤の日を迎え

第2部・事例編

た。

　山本は最初の1週間、ヨシ子の勤務終了後に電話をもらうことにした。仕事の覚え具合や疲れ具合を把握するためだ。1週間後に設定した面談で「どうですか、調子は？」と尋ねる山本に、「やっぱり仕事はいいですね。働ける職場があるって、本当にうれしいです。働いてると気持ちがすっきりします！」とヨシ子は笑顔で答えた。たぶん、疲れているに違いない。山本は、ねぎらいの言葉のあとに、「順調な滑り出しだと思います。でも、無理はしないでくださいね」と伝えた。「はい、心得ています。だからお風呂あがりに一杯ひっかけて、早めに寝るようにしてるんです」とヨシ子は笑った。

　就職して1か月が過ぎようとする頃、山本は別件でヨシ子の職場の採用担当者に会う機会があった。本題が一段落したとき、担当者がこんなことを口にした。「最近、75歳の方が来てくれたんです。最初は少し心配でしたけど、仕事が丁寧で、段取りがよくて、年下の先輩を上手に持ち上げてくれるんです。お陰でトゲトゲしていた職場が落ち着きました。あの年齢の方たちは、そういう配慮ができる年代なんですよね…」と。山本は、それが誰なのかすぐにわかった。

　2週めからは、週に1度の面談のみに切り替えた。ヨシ子の話では、1週めは年下の先輩と一緒に仕事をこなし、2週めには1人で仕事をこなした。最初は15分ほど所定時間が過ぎてしまったが、3週めには30分早く仕事を終え、掃除道具の手入れと翌日の段取りを整える余裕ができた。1か月が過ぎる頃、「ヨシ子さんは覚えが早い！」と先輩に褒められ、2か月めには先輩の愚痴を聞ける余裕ができた。

第2章　個と個をつなぐ支援

6.　支援の終結

　週1回の面談は3か月続けた。「ここまで来れば、もう大丈夫ですね！」と笑顔で問いかける山本に、「心配は尽きないけど、いつまでも甘えてたら、独り立ちできないからね…」とヨシ子。自信と不安の入り混じる表情を浮かべながら、「お父さんも見守ってくれてるだろうし、ここから先は一人で頑張らなくちゃね。お世話になって、本当に…」と、そこから先は言葉にならない。

　ヨシ子は「もう、これまでか…」とあきらめかけた頃の自分を思い出していた。初めて入ったハローワーク、初めて触るコンピューター、初めて目にする求人票、「75歳です」と答えるたびに顔色が変わる担当者。そして、初めて出会った困窮チーム。75年の人生を歩んでも、まだまだ「初めて」という経験がある。「あのとき、井上さんや山本さんに出会えなかったら、私はどうなっていただろう…」と。

　その日の夜、ヨシ子は夫に話しかけた。「お父さん、私、頑張ったよ。苦しくてあきらめかけてたけど、途中で助けてもらってね…。それで頑張れた。あの人たちがいなかったら、私はお父さんのところに行ってたかもしれない。きっと『何でこんなに早く来た！』って叱られるだろうけどね…。でも、もうちょっと待っててね。私、もう少し頑張ってみるから…」と。

　事務所に戻った山本は、井上に支援の進捗について報告をした。「ご苦労さまでした。ヨシ子さんも山本さんも本当によく頑張ったね。これで一件落着、無事に終結を迎えることができそうですね」と言う井上に、「いえ、まだです！」と山本。「就職先を見つけました。その

141

職場に定着することもできました。でも、まだなんです」と言う山本に、井上は「？？？」という表情を浮かべた。

「仕事に結びつけるだけが就労支援ではありません」と言う山本には、1つのアイデアがあった。それは、73歳のトシ江とのペアリングだった。

連携相関図　事例7（支援の経過1.〜6.）

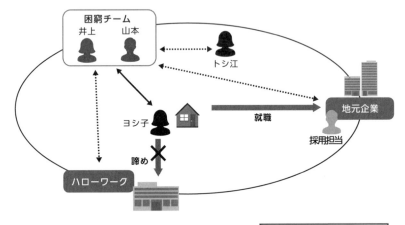

主な関係者

斉藤ヨシ子（困窮当事者）……ハローワーク通いをする75歳。職探しに疲れ果てる。生活困窮相談のリーフレットを思い出し、ためらいながらも相談の電話を入れる。

井上（主任相談支援員）……ヨシ子からの相談電話に対応。すぐさま、就労支援員の山本を連れてヨシ子を訪れる。

山本（就労支援員）……井上とともにヨシ子の就労支援を担当。見事、ヨシ子は就職を決めるが、何やら次の一手も思いついた様子。

第 2 章　個と個をつなぐ支援

トシ江……73 歳。山本と何らかの関係がある女性（詳しくは事例 8 を参
照）。

事例
7

第2部・事例編

事例 8 | 「支援される側」から「支援する側」へ（後編）
─個と個をつなぐ、インフォーマルケア─

　73歳を迎えようとする田中トシ江は、360万円の負債をかかえていた。わずかな年金だけでは返済が追いつかず、パートタイムで生活を維持してきた。とはいえ、パート収入だけでは生活が維持できず、返済は滞りがちだった。滞納が続くと取り立てが始まった。夜昼かまわず電話が鳴り、自宅の入口に貼紙が貼られた。2か月前、奴らがパート先に現れたときにはぞっとした。「迷惑がかかる前に、ここを辞めなくちゃ」と、トシ江はパートを辞めた。

　返さなければ利息がかさむ。それを避けるために、別のサラ金から金を借りた。これで4社めだ。手元にあるのは23万円。このままでは、3か月と生活がもたない。…そんな状況だった。

1. 困窮チームとの出会い

　トシ江は、市役所へ相談に行った。福祉課職員の森下は、熱心に対応してくれた。そして、「生活保護という方法もありえますが、その前に、いくつかの解決策が考えられます。それを一緒に考えてくれる場所を紹介しますので、まずはそちらに行ってみませんか…」と困窮チームを紹介した。そんな窓口があることを、トシ江は全く知らなかった。

　藁にもすがる思いで相談窓口に着いたトシ江を井上が迎えた。「お待ちしていました。市役所の森下さんから電話をいただいています。どうぞこちらへ」と面談室に案内し、相談支援員の安東を紹介した。

144

この手の問題は、彼の実直さと謙虚さがものをいう。信頼のおけるスタッフだ。安東は自己紹介をし、森下から情報提供された内容を確認した。

「怖い思いをしましたね。ここからは私たちがお手伝いしますので、一緒に解決策を考えていきましょう。お手伝いをしていくうえで、私たちが把握しておいたほうがよい情報は、ほかにもありますか」と尋ねる安東に、トシ江は自分の身の上を話し始めた。

20年前に夫と死別。当分の間は夫が残してくれた財産で生活していた。貯えが少なくなることを見込んで働きに出たが、嫌がらせを受けて退職。職を転々としながら現在のパートの仕事にたどり着いた。しかし、パート収入と年金だけでは返済が追いつかない。やむなく消費者金融から金を借りた。一時的には落ち着くが、金利は待ってくれない。それに対応するため、別のサラ金からお金を借りて返済に当てた。これまでにいくら払ってきたのか、あと何年払い続けるのか、そんなことを考える余裕はなかった。わかっているのは「360万円の借金がある」ということだけだった。

安東は、トシ江の話に相槌を打ちながら、じっくりと聞いた。そして、いくつかの事実確認を行い、トシ江にこう伝えた。「大変でしたね。頑張ってきた様子が伝わってきました。お話を聞かせていただいて、私なりに課題を整理したので確認させてください。1つは現在の借金の額をはっきりさせる。司法書士や弁護士など、法律家の力を借りましょう。2つめは、金額が明確になったところで、具体的な対応策を考える。3つめは、住民税などの滞納も確認する。4つめは、生活のために就職先を探す。5つめは、初回給与までの生活が困らないように、社会福祉協議会のつなぎ資金の相談に行きましょう。これら

第2部・事例編

はすべて私が一緒に行きますので、ご安心ください」と。いわゆる
「複合的な課題」は、複数の問題が一塊の状態になっている。安東は、
課題を一つひとつ解きほぐしながら、その対応策を説明した。

　トシ江の頭のなかでごちゃごちゃしていた問題が、安東の整理で
すっきりした。解決の道筋や具体的な行動が、自分にもみえたような
気がした。

2. 過払い

　安東は、トシ江とともに司法書士の槙村を訪ねた。安東の説明に、
「なるほど…」とうなずきながらブルーブラックの万年筆でメモをと
る。説明を終えた安東は、「…という状況なんですけど、何らかの法
的な手立てがあれば教えていただけますか」と協力を打診した。槙村
は、いくつか事実確認を行ったあと、こう答えた。「…過払いの可能
性がありますね」と。

　トシ江には、「過払い」の意味がわからない。様子を察した槙村は、
「あのですね、払い過ぎちゃった可能性があるんです。だから、その
状況を正確に調べてみましょう。もし、払い過ぎた場合には、法的な
手続きをすれば返してもらえますから、どうぞ安心してください」と
伝えた。「それから、取り立てについては、私が電話すれば止まりま
すから、こちらも安心してくださいね」と槙村は付け加えた。安東と
トシ江は、槙村の助言を得て信用情報を取り寄せることにした。

　帰り際、トシ江は槙村に深々と頭を下げた。ゆっくりと顔を上げた
目の先に、壁にかけられた額縁の文字が眼に入った。そこには、「正
義」と書かれていた。

　後日、信用情報が槙村の元に届き、「過払い」の事実が判明した。

第2章　個と個をつなぐ支援

その額は500万円を超えた。トシ江と安東は顔を見合わせた。「500万円？！」トシ江は驚いた。実のところ安東は、その可能性に当初から気づいていた。「よかったですね、戻ってきますよ！」と伝えたあと、「早速、法的な手続きを進めましょう。今度は法テラスという弁護士さんの事務所に行きます。決着がつくまで私がご一緒しますので、安心してください。いよいよ動き出しますよ！」とトシ江を励ました。「わかりました。よろしくお願いします」と答えながら、状況がぐんぐん進んでいく感覚を覚えた。

3．就労支援の仕込み

安東の報告を受けた井上は、就労支援員の山本にスタンバイを指示した。「了解しました。動く前に、ご本人に会わせてください」と山本は井上に申し出た。直接本人に会い、話をし、五感を通して相手を理解する。それが彼女の流儀だ。

翌週、安東の調整でトシ江と山本は事務所で会うことになった。名刺を渡して自己紹介した山本は、トシ江の姿勢に「やる気」を感じた。一方のトシ江は、山本に安心感を抱いた。安東に感じた安心感とは少し違う。「安東さんはホッとできて、山本さんはついていける！っていう感じ…」とトシ江。

挨拶を済ませた山本は、早速作業に入った。安東から聞いた職歴を確認しながら履歴書をつくり始めた。職歴だけではなく、その時々の生活状況を把握しながら「生活」と「仕事」を重ね合わせた。一通りの状況把握が済んだところで、こう付け加えた。「来月、73歳のお誕生日ですね。その前に、就職を決めましょう！」と。目標達成を後押しするには、「いつまでに」という明確な期限が必要だ。

147

第2部・事例編

　ここからは、2つの支援が同時に走ることになる。過払い請求は安東が手綱を握り、就労支援は山本がコーディネートする。井上の立ち位置は、2人の動きと支援全体のモニターだ。個々の問題についてはそれぞれの支援員が専念する。井上は全体を見渡しながら、「支援の漏れ」やトシ江に合わせた「支援の速度」を調整する。安東も山本も、井上がいてくれるからこそ安心して動けるのである。

4. 人生のリセット

　法テラスの支援によって、過払い金の返還手続きは無事に終了した。弁護士報酬を差し引いて、300万円強のお金がトシ江の口座に振り込まれた。滞納していた住民税、光熱水費、家賃等々をすべて清算。社会福祉協議会の貸付は使わずに済んだ。そしてトシ江は、中古自動車を買い換えた。ここまでのサポートは安東が行った。山本の支援も順調に運び、トシ江は73歳を迎える前に人生のリセットを完了させた。

　新しい仕事はオフィスビルの掃除。テナントには大手の企業が入り、ビル全体が活気づいている。仕事にも慣れ、「トシちゃん」と呼ばれるようになったという。「イケメンが多くてね、何だかドキドキしちゃうの…」と、少女のように目を輝かせるトシ江。

　駐車場は職場から2kmほど離れたところにあった。糖尿病の気があるトシ江にはちょうどよい距離だ。雨の日も風の日も、出勤の足取りは軽かった。しかし、仕事に慣れるにつれ、帰宅することに寂しさを感じ始めていた。

　3か月が経過するころ、山本との面談のなかでこんなことを口にした。「一人の部屋は寂しくてね…」と。以前は、借金を返すことで頭

が一杯だった。昼夜の取り立ての電話に加えて、玄関先に立たれたこともあった。その問題が解決した今、トシ江は次の課題を迎えていた。「どうやって老いるか」だ。「毎日毎日、自宅と職場の往復でしょう。休日に出かける先もないし、どうやって時間を過ごしていいかわからないの。お友達でもいればいいんだけど、私にはそういう人もいないし…」と言う。

山本は以前から考えていたことをトシ江に話した。「実は、同じ境遇にある人がいるんです。年齢も同世代、職業も性別も同じ。一度、一緒に食事でも行きませんか」と。山本の頭のなかには、75歳で就職を果たしたヨシ子の笑顔が浮かんでいた。「あの人なら頼りになる…」と。

5. 女子会

事例
8

山本は、事前にヨシ子に相談していた。「トシ江さんの気持ち、わかる。私もそうだったもの。仕事を覚えるうちは夢中だからね、寂しさなんて感じないのよ。でもね、慣れてくると寂しくなるの。家に帰ってきても一人でしょ、だからものすごく寂しくなるときがあるの。私も友達がほしい、会わせて！」とヨシ子は乗り気だった。

山本の段取りで「女子会」がセットされた。ゲストとして、安東と井上にも声がかかった。「それは面白いアイデアだ。いわゆるピアカウンセリングですね。喜んで参加させてもらいます！」と井上。

安東は「そういう展開もありですよね！　さすが山本さん！　僕もぜひ参加させてください」と応じた。

会場は、老舗の蕎麦屋。山本は2人を拾って会場に向かう手筈をとった。久々におめかしをして会場に向かうヨシ子とトシ江。井上と

第2部・事例編

安東は先に会場で待っていた。

　山本の運転する車の中で、トシ江とヨシ子は挨拶を交わした。会場に着く頃には意気投合し、メニューの話題に花を咲かせていた。予約していた席は一番奥の座敷。「この部屋、昔、お父さんと来たことある…」とヨシ子が口にした。「私も主人とよく来たわ。でもこの部屋は初めて…」とトシ江。そんな2人の情報を把握したうえで、山本はあえて、この会場の、この部屋を、予約したのだ。

　「どうして蕎麦屋なのかと思ったら、そういうことでしたか！」と安東は井上に視線を送った。井上は「なるほどね、よくできました！では、始めましょう」と山本に目配せした。

6. 支援当初は半信半疑だった2人

　乾杯の後、思い思いに近況を報告し合った。「ヨシ子さんもトシ江さんも、安東さんも私も、あの時は本当に頑張ったと思います。お二人も必死だったでしょうけど、私たちも必死だったんですよ」と山本があの頃を振り返る。

　「え？　山本さんたちも必死だったんですか。皆さん専門家だし、いろんな方のお手伝いをしているから、慣れているのかなあと思ってました」とヨシ子が驚いた。「実はそうでもないんです」と横から入ってきたのは井上だ。「この仕事は、人様の人生に触れてしまう仕事なんです。大げさにいえば、『その人の人生を左右してしまう仕事』でもあるわけですね。正直、怖い。だから、みんな必死なんです…」と言った。

　ヨシ子は「実は私、あのときは半信半疑でした。だって、山本さんたちと私は全くの他人でしょ。それなのに、身内以上に親身になって

150

相談に乗ってくれたし、背中を押してくれたじゃないですか。そんなことしてもらうの初めてだったから、最初は戸惑ったの。でもね、山本さんの姿を見ていて、『私も頑張らなくちゃ！』って思えるようになったんです」と言う。

トシ江がその後に続いた。「そうそう、私も主人以外に頼れる人はなかったし、へたに信じてだまされることばかりだったのね。だから最初は警戒してた。でもね、安東さんや山本さんたちと話していると、自分のことが見えてくるのね。『あぁ…自分は今、こういう状況なんだ』って…。お陰で、自分が進む方向がわかったというか、今、何をすればいいかを考えることができるようになったのね…」と。

そんな2人の話を聴きながら、井上はこんなことを考えていた。事例と支援者は、出逢うべくして出逢う。事例は最初、支援者をじっくりとみている。自分の悩みを打ち明けてよい相手か否か…。役に立たない相手であれば、事例は去っていく。そういう意味で安東と山本は、トシ江とヨシ子に選ばれた支援者なのだ。

それにしても、安東と山本が選ばれた理由はなんだろう。強いていえば、安東も山本もひるまなかったことではないだろうか。大げさな言い方だが、事例がぎりぎりの状況に追い込まれていることを承知のうえで、腰を引かずに「大丈夫！」と言えた。この覚悟がない限り、どんな言葉も相手の胸に届かない。井上はふと、「事例は支援者を選ぶ」と、ある研修で聴いたことを思い出した。

7. 誰かの役に立ちたい

近況報告が終わろうとした頃、ヨシ子がこんなことを言った。「仕事って、生活のためでしょ。働いてお金を稼いで生活する。今はこう

第 2 部・事例編

して『普通の生活』に戻ることができた。でもね、もう 1 つだけやりたいことがあるの…」と。皆はヨシ子の次の言葉を待った。

「私、誰かの役に立ちたいの。今まで皆に世話になったでしょ。だから今度は恩返しっていうのかな、ボランティアみたいなことしたいの。こんな歳じゃ、ダメかなあ…」と。

すかさず反応したのは山本だった。「あります、あります！　夏にバーベキュー大会があるので、そのお手伝いをお願いできませんか？」と。安東も井上も、「それはいいアイデアだ！」とうなずいた。「さすが！　やっぱり人生の先輩は違うわね！」とトシ江。「あのね、あなたと私は 2 つしか違わないでしょ！　あなたは 73 歳、私は 75 歳。今のうちに恩返ししとかないと、あの世に行ってからじゃ遅いでしょ！」とヨシ子が笑う。

井上たちの事務所では、支援を終了した人、現在支援中の人、学習支援の子どもたちを対象に、バーベキュー大会の計画を立てていた。事前準備から当日の運営まで、職員だけでは手が足りない。その助っ人をどうするか、ちょうど事務所のなかで話題になっていた。

「トシ江さんやヨシ子さんに応援していただけるのであれば、私たちも助かります」と井上。「それ、いいアイデアですね」と安東が続く。「本当ですか！　私、うれしい！」とヨシ子。「何だかわくわくしてきた！」とトシ江もやる気を見せた。

このボランティアは「つながりサポーター」と命名された。誰かと誰かを「つなげる」だけでなく、末永くつながり続け、互いに助け合う地域をつくりたい、そんな思いが込められた。井上たちの仕事の理念と一致する活動だ。「支援が終了した人たちに声をかけてみません

152

か。できる範囲で、できることをお願いする。そんな集まりがあっても面白いかもしれませんね」と安東がイメージをふくらませた。

「支援される側から支援する側へ、そんな仕掛けになるかもしれないな…」と井上は感じた。

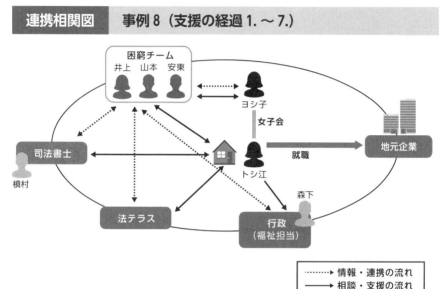

連携相関図　事例8（支援の経過1.〜7.）

主な関係者

田中トシ江（困窮当事者）……73歳。パートタイムの仕事をしている。多額の負債を抱え、生活は苦しい。今後の暮らしが心配で、市役所に相談に行く。

森下（市役所職員）……市役所の福祉課職員。トシ江からの相談を受け、困窮チームを紹介。井上につなぐ。

井上（主任相談支援員）……森下からの連絡を受け、トシ江の相談を受ける。相談支援員の安東につなぐ。

安東（相談支援員）……トシ江の支援を担当。トシ江の債務整理のため、

第2部・事例編

司法書士の槙村を訪ねる。法テラスとも連携し、過払い請求手続きも
サポート。

山本（就労支援員）……安東とともにトシ江の支援を担当。トシ江を仕事
に結びつけるとともに、同じ境遇のヨシ子を紹介し、女子会を結成。

ヨシ子（元・困窮当事者）……事例7の困窮当事者（山本の支援を受け就
職を果たした）。75歳。トシ江とは似た境遇にある。山本に誘われて
女子会に参加。

# 用語解説

【過払い請求】

　法律で定める限度利率（例えば、元本 10 万円未満は年利 20 ％）を超える金利での貸付けについては、制限を超える利息は民事上は無効となりますが、ヤミ金業者などから不当な請求が行われている場合があります。この背景には、平成 22 年 6 月の改正貸金業法の施行前までは、利息制限法と「出資の受入れ、預り金及び金利等の取締りに関する法律」とで、上限金利が異なっていたため、グレーゾーン金利の問題が生じていたことがあります。過払い請求の問題は、法律家の力を借りれば解決できるケースも多く、法テラスや弁護士会、司法書士会等の無料相談の活用も検討するとよいでしょう。

【法テラス】

　正式名称を「日本司法支援センター」といい、民事、刑事を問わず、あまねく全国において、法による紛争の解決に必要な情報やサービスの提供が受けられる社会の実現に向けた中核機関として運営されています。相談窓口（相談の受付、情報提供、関係機関等への振り分け業務等）、民事法律扶助、国選弁護の態勢整備、司法過疎対策、犯罪被害者支援、関係機関等との連携の確保強化などの業務を行っています。

第2部・事例編

> | 事例 | 「支援する側」から「支援される側」へ |
> |:---:|:---|
> | **9** | ―行ったり来たり、インフォーマルケアシステム― |

　名川は今日も、悩みながら仕事を続けていた。傾いた仕事を立て直すために借金を重ね、朝も昼も働いた。睡眠時間を削って夜遅くまで働くこともあった。1日、パン1個。時には、100円の缶ジュースを買う金がなく、近所の公園の水を飲んだ。

　疲れた身体を引きずって自宅に帰り、風呂に入らず布団に倒れこむ。「このまま、目が覚めないでほしい…」。そんなことを考えながら眠りについた。けれど、翌朝には必ず目が覚める。前にも後ろにも動けない、立ち止まることもできない。考えても考えても、堂々巡りを繰り返すだけで、一歩も先に進まない。そんな日が続いていた。

1．あの頃は…

　名川の仕事は配送業。市内の企業から荷を集め、近隣市町へ配送する。その人柄と丁寧な仕事ぶりが評判で、依頼はどんどん増えた。それでも名川は、事業規模を広げることはしなかった。ある程度の配送ルートを確保した段階で、その仕事を束ねて若手ドライバーの独立に回した。この手法によって、名川が育てたドライバーたちによる配送ネットワークが完成した。

　名川の自慢は、ドライバーたちの独立支援。面倒見がよく、「おやっさん」と慕われた。独立したドライバーたちはさらに仕事を開拓し、今では大手の配送業を展開する会社もある。

　名川の職場は従業員5名。小さいけれども「小回りの利く配送業

者」として依頼主の期待と信頼に応えていた。

2. 転機

　ところが、リーマンショックの後に転機が訪れた。依頼される仕事の量が目に見えて減り始めた。従業員の給料を支払う余裕がなくなり、300万円の融資を受けた。何とか給料は払えたものの、会社を維持するのはぎりぎりの状態だった。名川はさらに200万円の融資を受け、それを元手に若手ドライバーをすべて独立させた。

　しかし、自分の仕事を維持する余裕がない。自宅兼事務所の家賃も滞り、まともな食事をすることもできなくなった。1日に菓子パン1個。光熱水費は2か月遅れの支払い。家賃の滞納額は30万円を超え、いよいよ退去通知が届いた。配送で得た収入は、すべて事業の維持費やガソリン代に消えていく。「どうしたものか…」と悩んだ末、やむなく消費者金融から50万円を借り入れることにした。「頑張って稼げば、短期間で返せる…」と見込んだ名川は、睡眠時間を削って仕事の依頼を受けた。夕方4時、通常の配送業務が終わった後、別の依頼を受けた。すべての配送を終えて帰宅するのは夜の11時。翌日の集荷は朝7時から始まる。63歳の名川にはこたえた。配送中、「ヒヤリ！」とする場面が数回重なった。「このままでは事故になる…」と追加仕事の依頼をすべて断った。

3. 裁判所からの通知

　名川の手元に地方裁判所から封筒が届いた。あわてた名川は、市民相談センターに電話をかけ、困窮チームを紹介された。電話を受けた井上は、ことの経緯を把握したうえで、「その封筒の中身は、どのよ

第2部・事例編

うなものですか？」と尋ねたが、「それが、よくわからないんです…」
と動転している様子が伝わってきた。「ではまず、封筒の内容の確認
と、それから事業収支の確認をしましょう。そのうえで、解決策を一
緒に考えますので、収支の把握できるものをすべて持ってきてくださ
い」と応じた。初回面談は名川の終業時刻に合わせて夕方16時30分
に設定した。

4. 「無理だ」と感じてはいたが…

　名川は井上に言われた通り、確定申告の書類、半年分の領収書、裁
判所の呼出状を持参した。「ご苦労されましたね。裁判所から書類が
来ただけでもびっくりしちゃいますよね」と穏やかに応じながら名川
の労をねぎらった。「早速ですが、月々の収支を計算させてください」
と領収書を月別に計算し始めた。月々のお金の出入りを明確にするた
めだ。

　本人の目の前でエクセルの表に落とし込み、月の平均値を計算し
た。①名川の収入は月平均24万円、②ガソリン代、電話代、事業経
費等の平均は14万円、③生活維持に必要な家賃・食費・光熱水費は
8万円という結果だった…。そして、融資を受けた金額の合計は、利
息分を含めて515万円にふくらんでいた。

　この数字を見た名川は、「配送業を続けるのは難しいと感じていま
したけど、こうやって改めて見ると、やっぱり厳しいですね…」とう
なだれる。「名川さん、ちゃんと食べていましたか？」と井上。家賃
が4万2000円、光熱水費が2万5000円、これだけで6万7000円。
食費に回せるのは計算上1万3000円しかない。その質問に名川は答
えられず、涙を浮かべた。「借金を返すことで頭が一杯で、ほとんど

158

そっちに回してました。友達に3000円貸してもらうこともあったけど、昔の俺を知っている人たちなので、高校生の貸し借りのような金額に変な顔されることも多くて…」と。

「そうでしたか…。頑張ってきたんですね…」と井上。名川の年齢は63歳。債務の残高は利息分を含めて515万円。返済の余力はほとんどない。しかし、それは口にせず、こう伝えた。「この数字を前提に諸々の対応策を考えていきましょう。まずは、裁判所からの通知の対応も含めて、法律の専門家に相談に行きましょう。何らかの手立てが見つかるかもしれません。次に、事業の継続の可否についても検討しましょう。併せて、生活費を維持する方法も考えなければならないですね」と。名川は「はい…」と答えたが、戸惑いの表情は隠せない。「司法書士の事務所や、その他の必要な場所へは私たちも一緒に行きますのでご安心ください」という井上の言葉に、「よかった。私一人で行っても訳がわからないし、一緒に行ってくれるだけで安心です」と名川。井上は司法書士の槙村に連絡し、名川の仕事が終わる時間に合わせてアポをとった。翌日の夕方、16時30分。

5. 待ち合わせ

待ち合わせは、あえて槙村事務所に集合することとした。いつもなら、市役所で待ち合わせてから槙村事務所に向かうが、本人は配送のプロ。ナビも土地勘もある。「気持ちに迷いがない限り、道に迷うこともない」と踏んだからだ。

翌日の昼過ぎ、名川から電話が入った。「今日は仕事が押してて、少し遅くなるかもしれません」と。「わかりました。先方にはその旨伝えておきます。あわてないで、気をつけていらしてくださいね。仕

第2部・事例編

事が長引くようなら日を改めますから、15時頃に電話をください」
と井上は応じた。

16時過ぎ、井上は槙村事務所に向かった。今後の支援展開に備え
て、就労支援員の山本に同行してもらうことにした。

6. 債務整理

井上は16時15分に槙村事務所に着き、道に出て名川を待った。16
時30分、名川の軽自動車が現れた。「すみません、ぎりぎりになっ
ちゃって…」と名川。「場所、すぐにわかりました？」と問う井上に、
「大丈夫です。一応プロなんで…」と名川は笑顔で答えた。「これなら
いける」と井上は感じた。

槙村司法書士は穏やかに名川を迎え入れて挨拶を交わし、さっそく
本題にとりかかった。「まずは、井上さんから聞いていることを確認
させていただきますね。①収入は月平均24万円、②ガソリン代など
の事業経費が平均14万円、③生活費が8万円。概算はこれでよろし
いですか？」という槙村に名川が「はい…」と答える。

「では次に、お金を借りた先を教えてもらえますか？」と槙村。A
信用金庫から300万円、B銀行から200万円、C金融業者から50万
円です。毎月返済してますけど、どこにどれだけ返したかは覚えてい
ません。先日、井上さんに計算してもらったら、515万円の債務残高
が残っていることだけはわかりました」と名川。

「なるほど、わかりました…。考え方だけ説明しておきますね」と
言いながら、槙村は電卓を手に取った。「まずは収入が24万円。ここ
から事業経費として14万円を差し引く。さらに生活費として8万円
を引く。すると手元に残るのは2万円。この2万円で515万円の債務

を返済していく…、という考え方をします」と。さらに、「515万円に対して、月々2万円の支払いをしたとすると、257.5か月あれば返済できることになる。257か月を12で割ると21.5年、約22年ですね」と説明して名川の顔を見た。そして、「現実的にどうですか？」と槙村は名川の目を見た。

7．人生の仕切り直し

「自分が借りたお金ですから、何とか返したいという思いはあります。ただ、仕事中に取り立ての電話が入ったり、食べるお金がなくて公園の水を飲んだり、知り合いに3000円借りたり…。こんな生活してると、自分が情けなくて…」と言葉に詰まった。そんな名川に、槙村はこう語りかけた。「ご苦労されたんですよね。ただね、ここまで頑張ってきたわけだから、過去の債務を整理して、再出発するのも方法だと思いますよ」と。

名川は、「この状態になって言うのも変ですけど、何というか変なプライドが邪魔して、踏ん切りがつけられないんです。自分がどんな状況にいるか、十分わかっているつもりなんですけど…」と。しばらくの沈黙が続いた後、名川はこう続けた。「でも、今回は懲りました。こうして、皆さんのお世話になったり、たくさんの時間を使わせてしまって、自分だけではどうしようもないと思います」と。

井上は「それだけ大きな課題をかかえているということですね。でも、まだ仕切り直しはできると思います。どうですか、私たちも引き続きお手伝いしますので、過去のものは過去のものとして清算して、もう一度やり直してみませんか」と言葉を添えた。「自分が情けないですけど、仕方ありません。お願いします」という名川に、「情けな

第2部・事例編

いなんて、そんなことないです。人生を切り返していく勇気は、立派なものだと思います」と井上は伝えた。

こうして名川は、自己破産を決めた。手続きは、法テラスの民事法律扶助を活用して槇村司法書士が受任することとなった。

8. 個人事業主

自己破産によって、背負っていた債務は整理される見通しがついた。次は仕事だ。今までの仕事を続けるか、別の仕事を探すか、いずれにしても食べていかなければならない。井上は同行していた就労支援員の山本を紹介し、改めて面談の約束を交わした。

数日後、事務所にやって来た名川に山本が「あれからいかがですか？」と尋ねた。「お陰さまで、槇村先生が丁寧に対応してくれて、裁判所に出す書類はすべて整いました」とすっきりした表情を見せた。「それはよかったです。次は仕事ですね」と問いかける山本に、名川は表情を曇らせた。「何か心配なことでもおありですか？」という山本の問いに、「この歳になって、別の仕事に転職するのも難しいんじゃないかと思って…。それに、自営業とはいえ、この仕事でずっと食べてきたから…、何と言いますか…」と言葉をにごらせた。

「自営業」という言葉に山本がピンと来た。「自営業ということは、個人事業主ですよね。ということは、この仕事を続けながら別の会社に雇われる…という方法は考えられませんか？　もちろん、先方がOK すればですけど…」という山本の問いに名川が何やら思い出したようだ。「そっか！　そういうことか！　自分は今まで別の仕事に就くことばかり考えていたけど、そういう方法もありですよね。実は少し前ですけど、昔世話してた奴から声をかけられたんです。『俺の会

162

社を手伝ってもらえないか』って。当時は変なプライドが邪魔して断っていましたけど、ありですよね？…」と。「その話に可能性が残っているなら、それもありですよ！」と山本。

9. 頭を下げた

　名川は覚悟を決めて、昔、世話をした早川を訪ねた。笑顔で迎えてくれた早川だが、やつれ切ったおやっさんの姿を見て言葉に迷った。とはいえ、久しぶりの再会に2人の話は弾む。大手とはいえないが、早川の評判は名川の耳にも届いていた。独立を支援したドライバーが、ここまで成長した…。名川の脳裏で、若い頃の自分と早川が重なり、「お前、頑張ったんだな…」と涙ぐむ。

　名川は、自分の近況について静かに語りだした。早川は何も言わず、おやっさんの話を聞いた。すべての事情を話した後、名川は頭を下げた。「俺を雇ってもらえないだろうか…」と。

　早川は泣いていた。「どうしてもっと早く来てくれなかったんですか。水臭いじゃないですか！」という早川の言葉に、名川の涙も止まらなかった。

10. 仕事ごと…

　翌日、名川は、井上と山本が待つ事務所に報告に行った。

　「どうでした？」と言う山本に、「来てくれって言われました！」と満面の笑みで名川が答えた。「よしっ！」とガッツポーズの井上、「やりましたね！」と喜ぶ山本。自分のことのように喜んでくれる2人を前に「この人たちに出会えて本当によかった」と、名川は心から感謝した。

第 2 部・**事例編**

　話によると、「仕事ごともってきてください」と言われたそうだ。昔に比べて事業規模は小さくなったものの、名川が築き上げた信頼は、今もなお高く評価されている。「車も身体も信頼も、そのまんま俺の会社にもってきてください」と早川に言われたらしい。そして、「あいつは、俺のこと、ずっと気にしてくれてたようです。狭い業界ですからね。誰がどこで、どんな仕事をしているか、すぐに知れ渡るんですね。俺のことを心配してくれる人も多くいたようですけど、それさえ気がつかなかった。情けないですね…」と話す名川。「あいつに、『待ってたんですよ！』って言われましてね…。本当にうれしかったです…」と名川は涙を浮かべた。

　山本が「個人事業主は辞めちゃうんですか？」と尋ねると、「そんな小さなプライドにこだわるのはやめました。今度は俺が、あいつの世話になります」と名川は言った。

11.「支援する側」と「支援される側」

　夕方の申し送りで山本が名川の報告をした。それを聞いていた安東が、こんなことを言った。「昔は名川さんが『支援する側』で、早川さんが『支援される側』だったんですよね。今回はそれが逆転して、『支援される側』に回ったってことですかね…」と。

　井上は机の後ろにあるホワイトボードにこんな図を描いて、語った。

　「トシ子さんやヨシ江さんは、支援される側からする側に回ったわけですね（A）。そして、名川さんは支援する側からされる側に回った（B）。トシ子さんやヨシ江さんのように、「支援される側」から「支援する側」へ回る（A）ことが、福祉実践の理想のように思える。

164

図表2-1

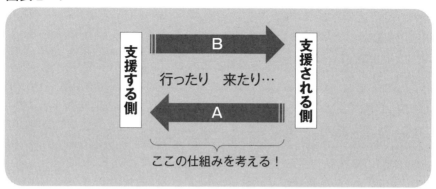

 ところが、私たちの「生活」というのは、「支援する側」にも「される側」にも、どちらの側にも立つ可能性がある。であるならば、「支援される側」と「支援する側」の両者を、行ったり来たりすることができる仕組み、つまり、どちらの側にも自由に回ることができる仕組みを考えていくことが、私たちの使命かもしれない」
 「それって、まさに『地域共生社会』というやつですね」と安東がほそりとつぶやいた…。

用語解説

【自己破産】

　債務整理の方法の1つ。債務者に債務を返済する資力がないと認められる場合に、裁判所が破産手続きの開始決定を行い、破産者の財産を金銭に換えて債権者に分配する破産手続きと、法律上の支払義務を免除するかどうかを判断する免責手続きをあわせて行います。なお、免責の許可は、破産手続きの開始決定に伴って当然に行われるものではなく、ギャンブルや浪費が破産の主な原因である等の事情がある場合には、許可されないこともあります。債務整理の方法には、自己破産のほかに、特定調停（調停委員が仲立ちとなり、返済可能な方法を提案し、話し合いを行う制度）、任意整理（裁判所等の公的機関を介さず当事者が私的に話し合いをして、債務整理を行うもの）、個人再生（債務を分割して返済する計画を立て、借金の減額を裁判所に申し立てる制度）などがあります。

第2章　個と個をつなぐ支援

> ## 事例 10 重層的な地域ケアシステム
> ―顔がわかる関係→顔の見える関係→価値観を共有できる関係へ―

　その日は、午後からネットワーク会議が予定されていた。井上は、いつものように昼食をかき込み、車に乗り込む。午前中に対応した事例を頭のなかで整理しながらハンドルを握った。

　井上が向かう地域には、ネットワーク会議、圏域会議、個別支援会議という3つの会議体が連動して動いている。ネットワーク会議は地区内の、高齢、障害、児童、医療、行政、民生委員児童委員協議会（民児協）等の関係者が顔をそろえ、最近のトピック、共有すべき情報の提供、各領域からの連絡事項等が共有される。圏域会議は、ほぼ中学校区のエリア内にある事業所が参集し、地域の課題を吸い上げる場として機能している。個別支援会議は、小学校区のエリアを対象に「今、困っている事例」について個別具体的な課題解決や支援の進捗具合を確認する会議体だ。

　井上は、地区民児協会長の誘いを受けて、これらの会議に参加することにした。まずはネットワーク会議。今日がその日だった。

1. ネットワーク会議：「顔がわかる関係」

　会場に入った井上を、会長の川上と事務局長の戸塚が迎えてくれた。「こんにちは。今日はお誘いいただきありがとうございます」と言う井上に、「いらっしゃい！　よく来てくれましたね！　さっそくなんだけど、今後、定期的に参加してもらえないかね。井上さんがこの会議のメンバーになってくれれば、われわれも安心できる」と会長

167

第2部・事例編

が事務局長に相槌を求めた。どうやら、すでに話ができあがっているようだ。

　ネットワーク会議は、おなじみのアイスブレイクで始まった。「今日のお題は、"今はまっているもの！"です。よろしいでしょうか。では、ワタクシから参りますので、皆さま順番に、1人2分でお願いいたします！」と事務局長の戸塚が先頭を切った。「実はワタクシ、果実酒、いわゆるワインが大好物でございまして、先日も家内とドライブした際にワインを購入して冷蔵庫で冷やしておいたわけです。で、3日後にそれを飲もうとしたら、姿が見当たらない。これは大変だ！　と言って家中を捜索したわけです。1階のリビングにはない。倉庫のワインクーラーにもない。家中どこを探しても見当たらないわけです…」と続く。状況説明ばかりで結論が見えない。2分を過ぎ、3分が過ぎた。そして5分が過ぎようとした頃、「で？　どうしたんだよ！」と民生委員の北島が音を上げた。「これは、後に判明して大問題になったんですけど、家内のお腹の中を通り越してトイレに流してしまったのでした！」という話に参加者は盛り上がった。井上は「なんだ、この会議？」とひとりごちた。

　とはいえ、周りの様子を見てみると、雰囲気はとても和やかだ。「うちのネットワーク会議はね、アイスブレイクが目玉だから、楽しみにしててよ」と言った川上（地区民児協の会長）の言葉を思い出した。

　参加者は総勢20人。1人2分として40分かかる。数ある議題のなかで最も時間を割くアイスブレイクだが、参加者の多くはこれを楽しみに来ているようだ。井上は「意外とよい仕組みかもしれない…」と思いながら、「今はまっているもの」を考え始めていた。

168

第2章　個と個をつなぐ支援

　この会議体の発案者は川上会長だ。「市内の福祉関係者なんだから、どこに誰がいるのか、顔と名前もわからなければ話が始まるわけがない。定期的に顔を合わせていれば、『こんにちは！』と挨拶が始まるでしょう。そういうのが大切なんです」と言う。

　確かにその通り。井上がその「効果」を実感したのは、参加者の名前と顔が一致してからのことだった。

2. 圏域会議：「顔の見える関係」

　翌週、井上は圏域会議に参加した。この会議体は中学校区単位で組織されている。ネットワーク会議と違い、話し合われる内容がリアルだ。

　その日、話題になったのは「単身高齢者の安否確認」だった。地域に暮らす単身高齢者の安否が、2、3日確認できなかったという。

　いつもなら、出かけるときは必ずお隣に声をかけるヒデ（82歳）が、突然姿を消した。夜は電気がつきっぱなし。そんな状況が2晩続いた後、隣の住人から民生委員に連絡が入った。地区担当の民生委員（キミエ）は、先輩民生委員（北島）のアドバイスにより地域包括支援センターに相談を持ちかけた。地域包括支援センターはすぐに行政担当課に連絡した。

　地域包括支援センター、行政、民生委員、お隣さんが玄関前に集まった。チャイムを鳴らすが、何度呼んでも出てこない。鍵も閉まっている。戸をたたいても応答がない。「これはやばいかも…」と誰もが思った。

　そのとき、事件は起きた。「何かあったんですか？」と声をかける者がいた。この家の住人、ヒデだった。「てっきりあの世に行ったと

第2部・事例編

思っていたのに、急に後ろから声をかけられたので腰が抜けそうだった」と言うキミエ。「実はオレも…」と言う先輩民生委員の北島。

「で、ヒデさんはどこに行ってたんですか？」と井上が尋ねた。ヒデの話では、「ヤスさんに声をかけた」という。ヤスは、ヒデと同じ境遇にある単身高齢者である。しかしこのヤスには、認知症があり、ヒデとヤスは互いに助け合って、生活が維持されていたようだ。ヤス曰く「ヒデの話は聞いてない」と言う。「キミエさんのところに連絡してきたのはヤスさんだろう？　やっぱり心配になったんだろうな…」と北島がつぶやく。

北島の話では、「キミエさんから連絡をもらった直後に、警察に連絡したんだ。ところが警察は、『事件があったわけではないので対応ができない』と言うんだよ。ことが起きてからでないと動けないってね」。一同、ブーイングである。「警察には警察の事情があるわけだ…」という声がもれた。

ヒデが無事だったからよかったものの、万一のことが起きていたらどうなっていたのだろう。意見はさまざまだ。「鍵を壊して中に入る。倒れているヒデさんが発見される。救急車を呼んだが心肺停止状態。そこで初めて警察の出番になる…ってわけ？」と。あるいはまた、「鍵を壊して中に入った。ヒデさんの姿は見当たらない。そこにヒデさんがひょっこり戻ってくる」。そんな場合もあるだろう。その場合、「壊れた鍵の弁償は誰がするんだ？」と意見はさまざまだ。それぞれの立場から発信される意見には、個々人の価値観が反映される。もちろん「唯一絶対の解」はない。しかし、試行錯誤が繰り返されるところに圏域会議の醍醐味がある。顔の見える関係だからこそ、「安心して生活できる地域にしたい」という問題意識が強くはたらく。「人ご

170

と」ではなく「わがこと」として、本音で話し合えるのだ。

　結局、圏域会議で結論は出なかったが、「こういう事例があった…ということをネットワーク会議で共有しよう」ということになった。

3.　個別支援会議：価値観を共有し合える関係

　2週間後、井上は個別支援会議に参加した。この会議では「今、困っている事例」の支援をめぐって、支援策の検討や進捗具合の確認が行われる。その日、議論されたのはこんな事例だった。

　50歳代の精神疾患をかかえる女性。数年来、自宅に引きこもり、ほとんど外出しない。食事は、同じ敷地内の母屋に住む80歳代の母親が日に1回運んでくる。その女性の住まいは小学校の通学路に面しており、登下校する小学生に「そこを通るな！　あっちへ行け！」と脅す。その状況を心配した小学校の校長から、地区担当の民生委員（ヨシオ）が相談を受けた。

　ヨシオは、まず状況確認を兼ねて訪問することにした。しかし案の定、本人に面会を拒否されて話が一向に進まない。母親は「ご迷惑をかけて申し訳ない」と謝るばかり。「たぶん、お母さんも困っていると思うんです。こういう場合はどうすればよいのでしょうね…」という内容だった。集まっているのは、地域包括支援センター、障害者相談支援事業所、その地区を担当する民生委員。ゲストとして、井上と保健師の杉田が同席していた。

　ヨシオの情報によると、50歳代の女性は精神科に不定期ながら通院しているようだ。過去に具体的な危害を加えたことは一度もないので、今回も大きな問題に発展する可能性は少ない。とはいえ、地域から孤立し、小学校からは「何とかしてほしい」という依頼が入り、母

第2部・事例編

親もその対応に困っている。「私が訪問しても、なかなかからちが明か
なくて…」というヨシオに、「その方が通っている精神科のPSWに
相談してはどうだろうか」というアイデアが出た。一同「それはよい
考えだ！」と話が進みそうになったとき、障害者相談支援事業所の夏
木が手を上げた。

　「その方はどうして引きこもっているのでしょう。どうして『そこ
を通るな！』と脅すのでしょう。きっと何か、本人なりの意味がある
んじゃないかと思うんです。お母さんもそうです。きっと、今に始
まったことではないなあと。ずうっと謝り続けてきたんじゃないかと
思うんです。私は、その点を大事にしたいと思いまして…」と。

　それは最も重要な点だった。とかく支援者は、問題の「対処」や
「解決」に先走る。その結果、当事者の「思い」や問題とされる行為
の「背景」あるいは「意味」を見落としてしまう。その点を指摘した
のが夏木の意見だった。

　ヨシオは言った。「確かにその通りだ。俺も校長に頼まれたものだ
から、ことを急ぎすぎたのかもしれない。もう一度行ってみる。い
や、一度だけじゃなくて何度も行ってみる。何度も足を運んで、話を
してみようと思う。あの人もこの地域に住む一人なんだから、俺たち
が弾き出すようなまねをしちゃいけないんだよな。『俺はあんたの味
方だよ』って伝えてみるよ…」と。

　井上はほっとした。隣に座る保健師の杉田もほほ笑んでいる。ほか
の民生委員たちも、「そうだよな、それ、大事だよな…」とうなずい
ている。勇気を出して発言した夏木が安堵した表情を浮かべた。

172

4. ネットワーク会議：…再び

　今回のネットワーク会議も、アイスブレイクで始まった。事務局長の戸塚の仕切りだ。「皆さま、ご多忙のなか、お越しいただきまして、誠にありがとうございます。今回もワタクシ、戸塚が司会進行を務めさせていただきます。今日のお題は、"最近出かけた場所、感じたこと"です。よろしいでしょうか。例によりまして、ワタクシ戸塚から左回りの順番で参りますので、よろしくお願いいたします」と始まった。

　いよいよ井上の順番が回ってきた。「最近、私が出かけた場所は個別支援会議です。そこで障害者相談支援事業所の夏木さんが、とても大切なことについてコメントしてくれました。私たち支援者が、ついつい忘れがちになってしまうこと。それは、当事者の立場や思いを大切にするという視点です。久々に、ことの本質に触れたなあ…と鳥肌が立つくらい感動しました」と発表した。会長の川上は「ほらね、個別支援会議って面白いでしょ」といわんばかりに、ニコニコしている。

　アイスブレイクが終わると、圏域会議で話題になった「単身高齢者の安否確認」について議論された。キミエが担当する地区のヒデの一件だ。先輩の北島の状況説明に続いて行われた議論の焦点は3点。1つは招集すべきメンバー、2つめは鍵を壊して侵入した場合の鍵の保証、3つめは警察への協力要請についてだった。

　招集すべきメンバーとしては、当該事例により臨機応変な対応が求められることを前提とするが、最低限、民生委員、地域包括支援センター、行政担当課がそろっていることが望ましいと確認された。「土日でも遠慮なく連絡してちょうだい」という行政マンの言葉に地域包

第2部・事例編

括支援センターは安心したようだ。

鍵を壊した場合については損害賠償責任が発生するが、民生委員が加入する保険で対応できることが確認された。会長は、「例えば、民生委員活動中にけがをしたり、事故にあった場合も保証される」と説明した。「そんな保険に入ってたとは、知らなかったなあ！」と言う北島に、保険が支払われた内訳を見ると、民生委員に対する医療見舞金が最も多いことがわかった。通院費に対する保障もあるようだ。

警察への協力要請については、「警察には警察の事情があるのでしょう。けれど、この件については、派出所や中央署にも相談してみます」と会長が預かることになった。

閉会間際、「結局、ヒデさんはどこへ行っていたのでしょう？」と事務局長の戸塚が尋ねた。北島は「実は、それがはっきりしないんだよ。というのも、最近、ヒデさんにも認知症があるみたいで、いろいろ聞いてみたけど足取りがつかめなかった。あの地域にはそういう世帯が多くなってきてるね。予防策を考えなくちゃいけないと思っている」と地域の課題を投げかけた。「おそらく、これからはそういう世帯が増えるでしょうね。圏域会議で、その課題を具体的に検討してもらえませんか。ほかの地区のモデルにしたいので」との会長の言葉に、北島は大きくうなずいた。

5. 3つの会議体

地域にどのような仕組みをつくるか。行政がある程度のフレームを考えた後は、住民が主体になるような仕組みを住民自らが考えられるとよい。川上会長の地域では、ネットワーク会議、圏域会議、個別支援会議がまさに重層的に連動している。それぞれの会議にはそれぞれ

174

図表 2 - 2

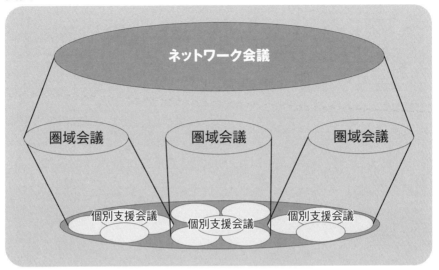

の目的と役割がある。

「機能分化」と同時に「機能循環」を起こす仕組みといえそうだ。それを下支えしているのが、川上会長のあの言葉だ。「どこに誰がいるのか、顔と名前もわからなければ話が始まるわけがない。定期的に顔を合わせていれば、『こんにちは！』と挨拶が始まるでしょう。そういうのが大切なんです」と。井上は「単に仕組みや機能をつくるだけでなく、本来の地域共同体の姿があるような気がする」と感じた。

この会議に定期的に参加して以降、「こんな事例、相談に乗ってもらえますか」という相談が増えた。相手は、民生委員だったり、関係機関だったり、行政だったりする。初めのうちは「丸投げ」と思える依頼が多かったが、一つひとつ丁寧に対応していると、互いの「使い方」や「大切にしていること」がわかってくる。

「顔がわかる関係」→「顔の見える関係」→「価値観を共有できる

第2部・**事例編**

関係」、それは直線的に進むものではなく、循環しながら発展する関係であるような気がする。井上はそんなことを考えながら、「質のよい仕事をさせてもらってるなあ…」とひとりごちた。

あとがき

　2013年度、モデル事業として開始された生活困窮者自立相談支援事業は、稼動後5年めを迎えました。この事業が稼動する前、「生活困窮者とは具体的にどのような対象か」「どのような支援が必要なのか」「どのように支援していけばよいのか」等々、それを担う実務者たちは期待と不安を抱きながら現場に立っていました。5年が経過しようとする現在、生活困窮者像の輪郭を、あるいは支援のありようを、ほんの少しですが見通せるようになった印象があります。

　本書は、筆者がこれまで出会ったご本人やご家族、全国各地の研修で学び合った有志の皆さん、職場の同僚や部下たち、ご指導いただいた先生方、そして、この事業をきっかけとして新たに知り合えた皆さんとともに培ってきた実践や研究をベースに書き上げたものです。

　専門家・非専門家を問わず、対人援助に携わる方々のお役に立てば幸いです。

　末筆ながら、編集の労をとっていただいた中央法規出版の亀谷秀保さんに感謝いたします。企画段階から助言をいただき、全体の進行管理はもちろん、レイアウトや挿絵等について、私にはないアイデアをいただきました。決して催促することのない巧みな目標管理。執筆者の連携パートナーとして、最高のサポートをいただきました。記してお礼申し上げます。

　2017年10月

上原　久

編著者略歴

上原 久（うえはら・ひさし）

社会福祉法人聖隷福祉事業団浜松市生活自立相談支援センターつながり所長。精神保健福祉士、相談支援専門員。

東北福祉大学社会福祉学部を卒業後、総合病院、精神科病院、救護施設、特別養護老人ホーム、老人保健施設、就労支援施設、相談支援事業所、生活困窮者自立相談支援事業など、幅広い領域でソーシャルワーク業務に従事。2002年、日本福祉大学大学院社会福祉学研究科修士課程修了。

著書に『ケア会議の技術』『ケア会議の技術2　事例理解の深め方』『ケア会議で学ぶケアマネジメントの本質』『多職種連携の技術（アート）―地域生活支援のための理論と実践』（いずれも中央法規出版）等がある。

執筆者

上原 久（うえはら・ひさし）

第1部、第2部事例1～4・7～10

社会福祉法人聖隷福祉事業団浜松市生活自立相談支援センターつながり所長

朝比奈 ミカ（あさひな・みか）

第2部事例5・6

市川市生活サポートセンターそら（so-ra）主任相談支援員／中核地域生活支援センターがじゅまるセンター長／一般社団法人ひと・くらしサポートネットちば代表理事

生活困窮者を支える連携のかたち

2017年11月1日　発行

編　　著　　上原　久
発 行 者　　荘村明彦
発 行 所　　中央法規出版株式会社
　　　　　　〒110-0016　東京都台東区台東3-29-1　中央法規ビル
　　　　　　営　　業　TEL 03-3834-5817　FAX 03-3837-8037
　　　　　　書店窓口　TEL 03-3834-5815　FAX 03-3837-8035
　　　　　　編　　集　TEL 03-3834-5812　FAX 03-3837-8032
　　　　　　U　R　L　https://www.chuohoki.co.jp/

装幀・本文デザイン　　株式会社タクトデザイン事務所
印刷・製本　　　　　　長野印刷商工株式会社

ISBN978-4-8058-5583-6
定価はカバーに表示してあります。

● 本書のコピー、スキャン、デジタル化等の無断複製は、著作権法上での例外を除き禁じられています。また、本書を代行業者等の第三者に依頼してコピー、スキャン、デジタル化することは、たとえ個人や家庭内での利用であっても著作権法違反です。

● 落丁本・乱丁本はお取り換えいたします。